그러니까, 그 무렵

J.H CLASSIC 100

그러니까, 그 무렵

'남과 다른 시 쓰기' 동인
이서빈 외

지혜

머리말

지구의 눈물

생명을 낳아 키우며 살아갈 수 있는 터전이 되고 싶었다

자연의 섭리 씨줄날줄 엮어
푸른 물소리 베고 싱그러운 바람소리 덮고
까르르 깔깔 차르르 찰찰
행복넝쿨
목젖이 보이도록 벋어나가게 하고 싶었다

나 하나만을 믿고 의지하며 살아온 모든 생명을 위해
아무리 힘들어도
이 한 몸 던질 각오로 살았다

몸살이 나면 목이 메도록 속울음 울며 버텼다

그러나 이제 인간들의 과욕에
몸 어딘가에 물이 새고 있다
이 물이 다 새나가면 죽어야 하는 운명

벌나비가 해주던 일을 사람의 힘으로 수정을 하는 시점에 도달했다

기상이변으로
먹이사슬 질서가 파괴되어 식량난이 예상되고
에너지 과소비로
머지않아 지구 에너지 고갈 날 것이라고 진단하면서도
사치와 과잉은 경주競走를 하듯 달린다

폭염 폭설 폭우 폭풍은
지구가 아파 몸부림 치는 소리다

이 참혹한 병에 어떤 약을 써야 할지 몰라
우리 남다시 동인들은
모든 걸 뒤로 미루고 환경 경전으로 이름하여 시를 쓰고 있다

지구가 건강해져 벌나비가 다시 활개 치고
동식물이 모두 싱그러워질 때까지 우리는 쓰고 또 쓸 것이다

차례

머리말 ———————————————— 4

1부

이서빈
그러니까, 그 무렵 ——————————— 12
모자의 항변 ————————————— 14
그렇대 ———————————————— 16
시감상 | 이옥 ——————————— 18

이진진
상상의 틀 ——————————————— 26
염화칼슘 ——————————————— 28
돌풍 ————————————————— 30
시감상 | 이서빈 ————————— 32

장 진
밀랍으로 기록한 연대기 ——————— 38
선인장 ———————————————— 40
명문대 ———————————————— 42
시감상 1 | 박영교 ———————— 44
시감상 2 | 반경환 ———————— 47

정구민
고인돌 ———————————————— 50
산딸기 ———————————————— 52
구더기 말 —————————————— 54
시감상 | 이서빈 ————————— 56

2부

글나라
파롤 혹은 랑그	62
말 말 말	64
생각 보호 구역	66
시감상 ㅣ 이서빈	68

최이근
닮은 문장	73
새별이 뜬다	74
비정의 함묵 含黙	76
시감상 ㅣ 이서빈	78

고윤옥
반려 해변	83
나무 공황증	84
개미역사	86
시감상 ㅣ 이서빈	88

글빛나
아직은	93
돌돌돌	95
상생	97
시감상 ㅣ 이서빈	99

3부

권택용

돌팔매 ─── 106
단양 온달동굴 ─── 107
다보탑 ─── 109
시감상 | 이서빈 ─── 110

우재호

숫돌 ─── 115
배추흰나비 ─── 117
돌사자 ─── 119
시감상 | 이서빈 ─── 121

세 정

올챙이의 기도 ─── 125
인제麟蹄의 하루 ─── 126
기적도서관 ─── 128
시감상 | 이서빈 ─── 130

글로별

쇠의 담론 ─── 134
무궁화 ─── 136
꽃바람 ─── 138
시감상 | 이서빈 ─── 140

4부

이 옥

추돌 —————————————— 146
금관총 ————————————— 148
비상구 ————————————— 150
시감상 | 이서빈 ———————— 152

글가람

한글 —————————————— 155
마이산馬耳山 ————————— 157
반구대 암각화 ———————— 159
시감상 | 이서빈 ———————— 161

• 일러두기
　페이지의 첫줄이 연과 연 사이의 띄어쓰기 줄에 해당할 경우 > 로 표시합니다.

1부

그러니까, 그 무렵 외 2편

이 서 빈

찬바람으로 발을 씻어 발갛게 언 발가락에
초록숲이 걸려 있다
매화향이 피어있다

날개에 하늘능선을 걸고
유리창속 숲으로 날아가던 어미새
툭, 추락해 바닥으로 떨어지자
투둑, 투둑, 새끼 두 마리 차례로 추락해
새들의 검은울음이 밤새도록 유리창에 흘러내린다

인간이 놓은 불경스런 유리덫에 걸린
불운의 새영혼
기일忌日이 든 여름마다 천둥·번개 되어
인간의 영혼을 흔든다

새의 귀지를 먹고 자라던 만월
며칠 후 구붓하게 이지러진 활이 되었다

새 목젖에 걸려 있던 벌레들
새 날개에 걸렸던 하늘능선

새 발가락에 걸렸던 초록숲과 매화향
저승 어둠을 쪼아먹고
괴질로 환생해 재잘재잘 지저귀며 허공 날아다닌다

그러니까, 그 무렵
사람들은 입가리개를 쓰지 않고는 밖을 논할 엄두도 내지 못했다

모자의 항변

진달래나무 머리에 올라앉은 모자가 붉은울음을 우네

날 보고 왜 꼭 머리 꼭대기서 군림하기만 좋아하냐고?
그리 한가한 소리 마시게

농부 머리에 서서 땡볕과 싸우고

투수 머리에 서서 타자와 싸우고

마술사 머리에 서서 관객 눈빛과 싸우고

대머리에 서서 창피猖披와 싸우고

공사장 인부 머리에 서서 온갖 위험과 싸우고

머리위에 서서 목숨 걸고 싸우는 나를 군림한다고 매도하다니

여보시게나

소쩍새가 배고프다 피울음 울 때

장군들은 왜 나라를 구해 이렇게 배고파 울게 만드냐고 할 텐가?

피로 나라를 구한 장군들 원혼이 자신을 달래기 위해
봄이면 진달래나무 머리에 붉은모자로 환생해
이 나라가 피로 얼룩지지 못하게 싸우고 있다네

자네는 단 한 번이라도 남을 위해 치열하게 싸워본 적이 있는가!

그렇대

조약돌보다 하얀마음 가지면 손가락 사이로 새나가는 달빛 만질 수 있대

푸른숨 쉬는 숲 경외敬畏하면 별입술에서 떨어진 반짝이는 냄새 맡을 수 있대

잠자리 옮겨 칭얼거리는 아기 묘목苗木 잘 토닥이고 달래주면 꽃피는 시간 창조할 수 있대

무지한 사람은 누에 몸속 비단을 보지 못해 자연에 결례를 저지른대

가시 돋친 말 쏟아낸 사람에겐 말가시가 물레처럼 재생되어 재앙이 소낙비처럼 집단으로 쏟아진대

자연 이용 안전 수칙 모르면 새소리 파릇파릇 돋는 봄도 복사꽃 젖망울 초경도
산모 젖에 피는 산수유 달콤함도 몰라 매화향기 고매한 시 쓰지 못한대

　추위를 이기지 못해 봄에 태어나 가을에 죽는 초서草書는 백색 공간에 고드름 같은 시간과 추사의 세한도歲寒圖가 무언지도 모른대

　바람은 새들의 거리 나무의 갈래 인간의 발자국을 모두 기록해 둔대

　그렇대
　그렇고
　그렇고
　그렇대나 봐

시감상 I

「그러니까, 그 무렵」 시의 세계를 들여다보자. '찬바람으로 발을 씻어/ 발갛게 언 발가락에/ 초록숲이 걸려있다'. 그 무렵에는 맑고 투명한 인간과 자연의 언어가 따뜻하게 살아있어 아름다운 조화를 이루었는데 '툭, 추락해 바다로 떨어지'는 지금의 현실은 도시가 만든 투명한 무기로 인해 방음벽 아래에서 그러니까 새들이 죽어가고 있다고 한다. '새들의 검은 울음'이 고여있어 '밤새도록 유리창에 흘러내린다'는 시구에서 알 수 있듯이 이 시는 자유와 선택이 아닌 생존의 벼랑 끝 문제이므로 문명비판을 노래한 시이다.

서로 맞지 않는 어긋난 이해관계나 갈등을 지닌 채로 떼 지어 살 수밖에 없는 우리, 부러진 날개로 몸부림치는 반복된 일상을 외면하거나 회피할 수 없는 삶과 죽음에 대한 물음이다. 노래하는 새소리는 이제 들리지 않는데 인간만 잘사는 것이 언제까지 가능할까? 혼자만 잘사는 법에 익숙한 우리가 귀담아들어야 할 울음소리이다. '인간이 놓은 불경스러운 유리덫에' 평화롭던 날갯짓은 곧 생의 끝으로 이어진다. 생은 의식하는 존재에게만 있고 상대방의 생에는 존재하지 않는다. 의식의 시작은 상태와 형편에서 비롯되고, 관찰된 현실은 인식을 빚어 만들며 성찰하고 다시 새롭게 통찰해서 고쳐나가야 한다. '기일忌日이 든 여름마다 천둥 번개'의 덜컹거림 되어 '인간의 영혼을 흔'드는 것도 섬뜩하고 오싹한 지옥 같은 삶을 살다간 새들의 영혼이 억울해서 아니 한 점 죄의식도 없는 인간들에게 경종 울리려 천둥 번개되어 흔드는 것이다.

  새들은 아무것도 없는 하늘로 인식하기에 반사되는 숲과 하늘, 투명하게 뚫린 공간인 유리창을 장애물이 아니라고 생각한다. 날개를 다쳐 불구가 되고 달걀껍데기보다 얇고 약한 머리이기에 치명상 입어 피해를 보게 된 것이다. 진정한 힘은 약한 자도 옳은 가치를 누릴 수 있도록 하는 데 쓰여야 한다. 넓은 안목과 혜안을 발휘해 '새의 귀지를 먹고 자라던 만월/ 며칠 후 구붓하게 이지러진 활이 되었다'라고 쓴 시어는 집요한 관찰력에 이어 분석과 상상력으로 이루어져 있음을 볼 수 있다.

  '벌레들', '하늘능선', '초록숲과 매화향'은 눈여겨보아야 할 비유로, 유추해 볼 수 있는 단서는 새 목젖에 새 날개에 새 발가락에 재잘재잘 걸려있던 소리가 괴질로 환생했다고 하는 부분이다. '저승 어둠을 쪼아먹고'라는 전제가 깔려있었기에 현실의 정황과 절묘하게 맞아떨어지면서 감성을 흔들어 놓는다.

  '그러니까'는 앞내용이 뒤 내용의 이유나 근거가 될 때 쓰여 앞뒤 문장을 이어주는 말이다. 산을 파헤치고 강물을 막고 소음으로 유리창을 세워 막다 보니 신음이 들려오고 새를 죽이는 행위도 자연을 훼손하는 일, 자연의 파괴 위에 기초해있는 인간의 이기심은 자본주의의 무게로 서 있기에 「그러니까, 그 무렵」 '사람들은 입가리개를 쓰지 않고는 밖을 논할 엄두도 내지 못했다'라고 하는 것이다. 시인은 심장이 멎어 말 없는 새들을 대신해 이 시를 쓸 수밖에 없었을 것이고 반성과 성찰의 언어로 천사의 가면을 쓰고 있는 인간들을 계몽하게 된 것이다.

　고전의 지혜를 현대인의 삶에 적용한 「파스칼 인생 공부」를 보면 진정한 삶의 자세를 강조한다. 현대인이 지켜야 할 의지와 태도를 주제로 논의하며 자기 성찰과 지속적인 노력이 얼마나 중요한가를 강조한다. 그래서 태어나면서부터 깃들어있는 죽음에 대한 끝없는 사유인 음양오행설에서 상생상극이라는 이치가 생겼고 그로 인해 길흉화복이 따라다닐 수밖에 없게 되었다고 하였다.

　다음 시 「모자의 항변」에서 모자는 머리에 쓰는 것을 통틀어 이르는 말이고 털모자 밀짚모자 고깔모자 등등이 있다. 모자가 같이 서 있는 졸업식에서 어머니에게 씌어주는 사각모자에는 흐뭇함, 대견함이 들어 있지만, 항변은 어떤 일을 부당하다고 여겨 따지거나 반대하는 뜻을 주장한다.

　첫 연을 보면 '진달래나무 머리에 올라앉은 모자가 붉은 울음을 우네'라고 하였다. 진달래는 가지 끝 꼭대기에만 꽃이 핀다. 그래서 꽃을 모자로 형상화하였으며 붉은색 꽃이 피니 붉은울음 운다고 하였다. 진달래는 수장을 표현하고 붉은울음은 나의 피를 바치고 지켜서 이 나라가 존재하고 있음을 말한다. 진달래는 작게 보면 꽃이지만 크게 보면 나라를 구한 영웅이 될 수가 있기에 첫 연에서 이 시가 하고 싶은 뜻을 다 전했다고 볼 수가 있다.

　'머리꼭대기서 군림하기만 좋아하냐고?' 묻는다. 군림하는 것이 아니고 국왕이나 수장은 다 싸워서 나라를 지켜왔기에 '땡볕과 싸우고' '타자와 싸우고' '창피와 싸우고' '위험과 싸우고' 있다.

반복은 리듬감을 증대시키고 시의 본성에 꼭 들어맞게 구체성을 확보하므로 '마술사 머리에 서서 관객 눈빛과 싸우'다 보면 모자에 달린 근엄과 진지함에 관객 눈빛은 질 수밖에 없었을 것이다.

다수결에 의한 결정은 소수의 항변까지 모두 극복할 수 있는 정답이 아님에도 '머리위에 서서 목숨걸고 싸우는 나를 군림한다고 매도하다니' 한껏 맥이 풀려있으면서도 겉으로는 강경한 어조로 부당하다고 반박한다.

'장군들은 왜 나라를 구해 이렇게 배고파 울게 만드냐'며 기존의 세계를 벗어나는 고통을 겪어야만 나라를 구할 수 있다고 말한다. 이 세상의 삶은 이익과 손해, 사랑과 증오의 싸움에서 성립하지만 정당한 싸움을 거부하면 그 어떤 삶도 얻을 수가 없다.

'피로 나라를 구한 장군들 원혼이 자신을 달래기 위해' 초대 왕들이 진달래의 '진'이 원혼을 '달래'고 있다고 한다. 모자의 생이 확장되면서 시의 장인 싸움터는 공동의 장이 되었고 기구한 명에를 짊어진 삶의 장이 되었다.

이 놀라운 기법으로 우리는 모두 하나였지만 더욱더 뭉쳐지는 결속력으로 싸워왔기에 '봄이면 진달래나무 머리에 붉은모자로 환생'할 수가 있었다는 것이다. 하나뿐인 목숨을 걸고 자기 자신만의 길을 간다는 것은 삶의 출발점이자 종착점이었던 연대의식에 의해서 일 것이다.

사건과 관련해서 당사자들의 항변을 들어볼 필요가 있기에 '자네는 단 한 번이라도 남을 위해 치열하게 싸워본 적이 있는가!'라고 질문을 던진다. 사후에 빛나기 위해 모자가 되고 싶은 마음이 생길 수밖에 없는 강력한 힘은 띄어쓰기한 한 연 한 연에서 솟구

치는 힘으로 강하게 와닿았음일 것이다.

　토마스 베른하르트의 「모자」에서는 자신만의 감옥에서 보이지 않는 희망을 걸고 사는 사람들, 결국 마음은 주고받지 못한 커다란 공백이 되어 가릴 수도 메울 수도 없어 더욱 절망적으로 무덤덤한 관계를 유지할 뿐이라고 했지만 심층 속에 가려진 존재를 구체적인 방식으로 꺼내 명장의 시로 직조해낸 「모자의 항변」은 삶의 철학, 문학뿐 아니라 피로 나라를 구한 장군들의 역사까지 들어있다. 한마디 항의도 못 해보고 헐렁하게 쓴 인생모자가 바람에 날아가 버리면 안 되기에 유행도 타지 않는 빛나는 작가정신으로 무장한 시인은 지구인의 장군으로 진두지휘하며 대작을 쓰고 있다.

　허균은 「유재론」이라는 글에서 하늘이 낳아준 인재를 버리는 것은 하늘에 대한 거역이라고 항변한 바가 있듯이 자연의 법칙을 설명하고 증명해 나아가고 있는, 하늘이 낳아준 이서빈 시인은 정교한 창조자가 되어 섬세한 설계도를 가지고 체계적으로 미래를 움직이며 나아가고 있는 것이다.

　다음 시 「그렇대」는 상태 모양 성질 따위가 그와 같다는 느낌으로 특별한 변화가 없어 만족스럽지 아니하다라는 뜻으로 본말은 '그러하다'이다. 남이 한 말인 양 피해갈 수 있는 「그렇대」를 감상해 보자.

　'조약돌보다 하얀마음 가지면 손가락 사이로 새나가는 달빛 만질 수 있대'. 조약돌은 크기가 자잘하고 모양이 동글동글 한 돌이다. 만지작만지작 주무르던 하얀 조약돌이 손가락 사이로 빠져

나가면 그 자리에 어느새 맑고 투명한 달빛이 손에서 데굴데굴 뒹굴고 있다. 첫 연과 마지막 연은 신이 준다는 말이 있듯이 신이 주지 않으면 쓸 수 없는 고매한 품격을 보여주는 시어로 되어있다. 억류된 시가 아니라서 관찰하고 눈을 감고 있으면 상상력이 마구마구 날아다닐 것 같은 삶의 철학이 들어있는 시이면서 또한 환경시이기도 하다.

 '무지한 사람은 누에 몸속 비단을 보지 못해 자연에 결례를 저지른대'에서 누에는 곤충인 누에나방의 애벌레이다. 사람들은 벌레만 보고 실을 뿜어내는 입속을 보지 못한다. 생명력과 집중력으로 가득 찬 누에는 짧은 생애를 오롯이 먹고 자라며 치열하게 고치를 짓는 데에만 열중하며 산다.

 전 인류의 공동재산인 자연을 함부로 훼손한다는 것은 있을 수 없는 일이다. 자연주의와 자본주의는 대립적이지만 자연과 문화를 잘 조화시키는 것만이 자연 속에 순응하는 일이다. '가시 돋친 말'은 '재앙이 소낙비처럼 집단으로 쏟아'져 말가시들이 귓속으로 속절없이 흘러 들어간다. 외나무다리에서 만날 수밖에 없는 가시 돋친 말은 불이익 혐오 증오 등 재앙에 가로막혀 있어 세워진 다리를 씻어낼 수도 떼어낼 수도 없어 건너가기조차 너무 불편하다. '새소리 파릇파릇 돋는 봄도 복사꽃 젖망울 초경도 산모 젖에 피는 산수유 달콤함도 몰라'는 지구의 생명 부양 능력에 대해서 진지한 고려 없이 '자연 이용 안전 수칙'조차 모르는 직선적인 성장만을 추구하는 산업 문명을 향하여 던지는 날카로운 질문이라고 할 수 있다.

 '산모 젖에 피는 산수유'에서는 산모 젖이 있어서 수유에서 산수유를 쓰지 않았나 하는 생각이 든다. 제각각의 논리나 정서의 톱니로 맞물려 돌아가는 다의성이 있는 시는 해석의 여지가 많아 잘 쓴 시이다. '추위를 이기지 못해 봄에 태어나 가을에 죽는 초서草書는 백색 공간에 고드름같은/ 시간과 추사의 세한도歲寒圖가 무언지도 모른대'라고 한다. 초서는 한자 서체의 하나로서 흘려 쓴 서체이다. 소나무와 잣나무 보고 '가장 추울 때도 너희들은 우뚝 서 있구나'라고 한다. 자신의 처지를 표현한 추사의 세한도는 고난을 겪을 때일지라도 道는 한결같아 인격과 지조도 변함 없기 때문에 그대로이다라고 표현되어 있다.

'새들의 거리 나무의 갈래 인간의 발자국' 등 거리와 갈래, 발자국 등 비교 대상이 있어야 존재를 살펴 알아채는 정교한 사회 체계로 되어있어도 멸종은 생명계가 피해갈 수 없는 숙명이다. '바람은~모두 기록해 둔대'에서 기록은 후일에 남길 목적으로 어떤 사실을 적는 것이다.

기록을 할 수 있는 글 중에서 가장 모범이고 최고인 한글의 본고장인 대한민국에서 독서 중심 글쓰기 교육하는 장소인 문학관을 만들어야 한다. 세종대왕상을 높이 세워 천년만년 미래의 문화유산으로 건설하면 해마다 수천 만 명씩 외국에서 관광객들이 찾아오지 않을까? '그렇대 그렇고 그렇고 그렇대나 봐'는 슬프게 퍼져나가는 자연의 아픔을 간접 경험으로 형상화하여 토로하는 탄식의 무게가 오롯이 실린 시의 마지막 부분이다.

백성들이 쉽게 쓰고 읽을 수 있도록 최고의 학자들을 모아 집현전 설립하여 한글 창제를 위한 연구에 들어갔던 세종대왕, 포기하지 말고 계속해서 연구하자고, 우리 노력이 반드시 결실 맺을 거라며, 실패와 좌절에 빠진 신하들을 설득했다. '포기하지 않는 것도 실력이다'라고 알렉스 퍼거슨이 말했듯이 그 위대한 열정에는 백성들을 위한 마음 하나로 모든 고난을 이겨내며 한글을 창제하였다.

　세종대왕이 환생한 듯, 그 후손답게 소백산맥 17권을 영주신문에 연재하고 있는데 1권부터 11권까지는 이미 출판되었고 12권부터는 영주신문에 연재가 끝나는 대로 출판될 예정이다.

　세상에 없는 낯선 언어로 '창의력이 없는 인류는 미래가 없다'며 시야의 폭을 넓힐 수 있는 「창의력 사전」을 편찬하였다. 인류의 역사는 글의 역사이기에 시대정신을 실천하고 있는 이서빈 시인은 한글의 아름다움을 세계에 알리는 것은 물론이고 세계 85억 인구의 환경을 구한다는 마음 하나로 공동체의 행복을 위해 환경 시를 쓰고 있다.

상상의 틀 외 2편

이 진 진

굼벵이 머리엔 구를 수 있다는
지렁이 머리엔 꿈틀거릴 수 있다는
생각이 살고 있다

돌머리는
검정고무신 생각을 할까?
하얀고무신 생각을 할까?

토끼머리엔 달릴 수 있다는 생각
거북이 머리엔 1등 할 수 있다는 생각

돌잡이에겐
연필을 잡아도 실을 잡아도 돈을 잡아도
잡는대로 박수가 쏟아진다

걷기 시작하면 그때부터
돌부리도 돌파하고
비바람도 돌파해야 함을 알까?

시침 초침

틀을 벗어나
무지개 타고 세상을 돌아다니는

모든 생각
다 합해보니 답은 0

상상의 틀 깨지는 소리 쨍그랑 마른하늘을 가른다

염화칼슘

골다공증 앓고 있는 지구

의사들 죽어가는 지구를 볼모로
환자 돌보지 않아
텅 빈 진료실은
처방전 잘못 발급해 골다공증 더 심화된다
지구는 여기저기 뼈에 금이 가고 부러지고
바퀴의 휠이 부식되고
물이 오염되고
땅이 오염되고

눈길에 미끄러운 언덕길 곡예 하는 사람들
미끄러지는 삶 잡아준다던 염화칼슘
눈 깜짝할 사이 눈 다 녹아 눈물이 된다

돌알갱이도 아니고
수정도 아니고
구석에 널브러져
발자국에 이리저리 차이는 잔해들
지나가는 사람

비가 한 번 와야 깨끗하게 쓸려간다고

안돼요 안돼
물과 땅이 오염되어 식물들이 그 물을 먹고 자라면
내 몸속으로 들어와 싹을 틔우고
악수를 청하며 균을 키울 것이다
생각의 실타래가 풀려 하얗게 하얗게 헝클어진다

의사들 제대로 된 처방전 발급해야 하지 않을까?

돌풍

돌풍과 어둠 발효시킨
눈물에서 걸음마 시작한 바다
사이렌이 지랄스럽게 운다

편리의 가면뒤에
헤엄치는 검은독성
플라스틱 쓰레기에 압사당한 생태계

동맥경화로 끙끙 앓고 있다

바람도 물결도 시달리다
닳고 닳은 미세플라스틱
물고기들 먹이로 둔갑해
죽은 물고기 영혼 하늘로 올라가
눈비 바람으로 내려
생태계 교란시킨다

편리라는 이름을 붙여 마구 쓰는 플라스틱
돌고 돌아 사람의 몸속도 플라스틱 천국

\>

남과 다른 시 쓰기 동인들
꿈속에서도 환경 생각
손수건 사용하고 텀블러 사용하며
1회용 줄이려 편리를 줄이고 있다

환경시 쓰면서 상처난 지구에 연고 발라주며
지구 살리자고 돌풍 일으킨다

시감상 Ⅰ

  이진진 시인의 시는 단순한 상상력의 해방을 넘어, 상상의 틀을 깨고 자연과 인간의 관계를 성찰하는 환경적 메시지를 담고 있다. 「상상의 틀」에 나오는 굼벵이와 지렁이는 구를 수 있고 꿈틀거릴 수 있는 본능적인 사고를 지닌다. 이는 곤충과 미물이 자연 속에서 순환하며 생태계를 유지하는 역할을 상징한다. 하지만 인간은 이러한 단순한 조화 대신, 돌(문명의 산물) 위에서 '검정고무신'과 '하얀고무신'을 고민한다. 이는 자연과 단절된 인간의 사고방식, 즉 환경을 도외시한 채 문명 속 선택지만을 고민하는 현대인의 모습을 겹쳐놓은 이미지다. 돌머리는 과연 어떤 생각을 할까? '검정고무신'과 '하얀고무신'은 과거와 현재, 혹은 도시화와 전통적인 삶을 대조하는 상징이 될 수 있지만 정작 중요한 건 자연의 입장에서는 신발이 필요 없다는 사실이다. 맨발로 흙을 밟고, 자연과 함께 살아가는 삶이야말로 지속 가능한 삶일지도 모른다. 다시 말해 자연과 인간이 대립해서는 안 된단 말이다.

  거북이는 1등을 할 수 있다고 믿는다. 하지만 우리가 흔히 아는 이솝우화에서 거북이의 승리는 속도가 아니라 인내에서 비롯된다. 환경적 관점에서 보면, 속도를 내는 산업화와 개발은 지속 불가능한 경쟁일 뿐이다. 환경을 지키는 것은 **빠르게** 나아가는 것이 아니라, 거북이처럼 한 걸음씩 신중하게 나아가는 것이다. 거북이가 1등을 한 것이 느림의 미학 때문인 것처럼. 또 돌잡이 장면에서 연필, 실, 돈 어느 것을 잡아도 박수를 받는다. 이는 인간 사회에서의 선택이 결국 어떤 것이든 사회적 성공과 직결된다는 믿음을 반영한다. 하지만 환경적 시각에서 보면, 진정 박수를 받아야 하는 선택은 무엇일까? 돈을 잡는 것이 아니라, 나무 한 그루를 심는 손길이야말로 미래를 위한 선택이 아닐까? 시침과 초침은 정해진 틀 안에서 움직인다. 그러나 시인은 '틀을 벗어나 무지개를 타고 세상을 돌아다니는' 순간을 그려낸다. 이는 인류가 기존의 산업 논리를 넘어, 새로운 지속 가능한 방식으로 세상을 바라볼 필요성을 강조하는 듯하다. 결국, 마지막 구절에서 '쨍그랑' 하고 깨지는 소리는, 낡은 사고방식이 부서지는 소리이자, 새로운 환경적 패러다임이 열리는 순간일 것이다. 이 시는 인간의 생각이 자연과 어떻게 조화를 이루거나, 혹은 단절되는지를 보여준다. 문명이 만든 '돌' 위에서 살아가지만, 결국 우리의 삶은 무지개처럼 자연 속을 자유롭게 흐를 때 진정한 의미를 갖는다. 상상의 틀을 깨뜨리는 것은 단순한 사고의 확장이 아니라, 자연과 조화롭게 공존하는 새로운 길을 여는 일일지도 모른다.

다음 시를 살펴보자.

「염화칼슘」은 환경 문제를 단순한 정보 전달이 아닌, 감각적이고 은유적인 방식으로 풀어낸 시이다. 인간이 편리함을 위해 자연을 희생시키는 현실을 비판적으로 조망하며, 환경 문제를 하나의 의학적 은유로 풀어낸 작품이다. 시인은 지구를 환자로 설정하고, 무책임한 의사(즉, 인간 사회와 정책 결정자들)의 태만을 고발하면서, 환경 파괴가 우리의 삶에 어떻게 되돌아오는지를 섬세하게 묘사하고 있다. 시의 첫 구절 '골다공증 앓고 있는 지구'는 환경 파괴로 인해 점점 약해지는 지구를 효과적으로 형상화한다. 골다공증은 뼈가 약해지고 부서지기 쉬운 상태가 되는 질병인데, 이는 대지의 침식, 기후 변화로 인한 극단적 기상 현상, 지반 약화 등을 상징적으로 함축한다. 인간이 자연을 지속해서 개발하고 오염시킴으로써, 지구의 구조적 건강이 무너지고 있다는 경고가 담겨 있다. '의사들 죽어가는 지구를 볼모로 환자 돌보지 않아'라는 구절에서, 환경을 보호해야 할 책임이 있는 사람들(정부, 기업, 과학자 등)이 오히려 이를 버려두거나 심지어 악화시키고 있음을 암시한다. 이는 환경 정책이 실효성을 가지지 못하거나, 오히려 문제를 가중시키는 방향으로 흘러가는 현실을 꼬집는다. 눈길에서 사람들이 미끄러지는 것을 방지하기 위해 사용되는 염화칼슘은 인간의 안전을 위한 해결책처럼 보이지만, 시인은 이것이 가져오는 환경적 부작용을 강조한다. '눈 깜짝할 사이 눈 다 녹아 눈물이 된다'. 염화칼슘이 눈을 녹이는 과정이 마치 눈물처럼 표현되는데, 이는 자연을 훼손하면서 얻는 순간적인 편리함이 결국 더 큰 슬픔을 낳는다는 의미다. 또한, '돌알갱이도 아니고 수정도 아니고 구석에 널브러져 발자국에 이리저리 차이는 잔해들'이라는 묘사는, 염화칼슘이 제설 후 남겨지는 환경적 부산물임을 상기시키면서, 우리가 무심코 사용하는 화학 물질들이 결국 자연 속에 흔적을 남긴다는 점을 시각적으로 드러낸다. 비가 와야 깨끗이 씻긴다는 구절은 오염된 환경이 쉽게 정화되지 않는 현실을 보여준다. 그러한 해결책이 존재하지 않는 환경 문제의 복잡성을 은유적으로 담고 있다. 시의 마지막 문장은 환경 문제를 해결해야 할 책임이 있는 사람들에게 던지는 강력한 질문이다. 지금까지의 환경 정책과 대응 방식이 오히려 문제를 악화시키는 방향으로 흘러왔다면, 이제는 올바른 해결책이 필요하다. '제대로 된 처방전'이란, 단순한 미봉책이 아니라 근본적인 해결책을 의미한다. 이는 지속 가능한 대안을 마련해야 한다는 환경 윤리적 메시지를 전달한다. 지구를 병든 환자로 묘사하여 환경 파괴의 심각성을 강조하고, 염화칼슘이라는 구체적인 사물을 통해 인간의 편의와 환경 오염의 역설적 관계를 보여주며, 환경 오염이 결국 우리 몸속으로 돌아온다는 사실을 경고한다. 마지막으로, 해결책을 요구하는 질문을 던지며 시를 마무리 함으로써, 독자들에게 환경 문제에 대한 적극적인 고민과 변화를 촉구한다. 이 시는 단순한 환경 비판을 넘어, 인간이 만든 시스템과 사고방식의 전환을 요구하는 작품이다. '눈 깜짝할 사이 눈 다 녹아 눈물이 된다'는 구절처럼, 환경을 파괴하면서 얻는 순간적 편리함이 결국 눈물로 되돌아온다는 사실을 우리는 기억해야 할 것이다.

　다음 시 「돌풍」은 플라스틱 시대를 살아가는 우리의 모습을 적나라하게 보여준다. 편리함이라는 이름으로 우리는 플라스틱을 마구 사용한다. 하지만 그것은 생태계를 파괴하고, 죽음을 순환시키며, 결국 인간의 몸으로 돌아온다. 이 시는 단순한 환경 고발이 아니다. 그것은 '돌풍'이다. 즉, 변화를 일으키려는 강한 움직임이며, 무감각한 세계에 대한 격렬한 저항이다. 시인은 플라스틱 오염과 인간의 편의주의를 질타하며, 생태계의 비명을 생생하게 포착한다.

'돌풍과 어둠 발효시킨 눈물에서 걸음마 시작한 바다' 이 한 문장에서 바다는 단순한 자연현상이 아니라, 고통과 상처 속에서 태어난 존재로 그려진다. 깨끗하고 맑아야 할 바다가 오히려 '눈물' 속에서 시작되었다는 것은, 이미 태초부터 오염과 연결된 현대의 바다를 암시하는 듯하다. 그리고 바다는 신음한다. '사이렌이 지랄스럽게 운다'. 단순한 비명이 아니라, '지랄스럽게' 울부짖는다. 바다가 인간에게 보내는 경고음이자, 환경 재앙을 알리는 사이렌이다. 우리는 이 소리를 듣고 있는가? 아니면, 듣고도 무시하고 있는가? '편리의 가면 뒤에 헤엄치는 검은 독성' 여기서 플라스틱은 '편리함'이라는 이름을 쓴 가면을 쓰고 있다. 인간은 그것을 편리하다고 말하지만, 그 뒤에는 보이지 않는 독이 숨 쉬고 있다. 플라스틱 쓰레기는 이제 바다의 일부가 되었다. 그것은 물고기의 먹이가 되고, 생태계를 파괴한다. 결국 '동맥경화로 끙끙 앓고 있다'라는 표현처럼, 플라스틱 오염은 지구의 혈관을 막고, 생명의 순환을 방해한다. '닳고 닳은 미세플라스틱 물고기들 먹이로 둔갑해 죽은 물고기 영혼 하늘로 올라가 눈비 바람으로 내려 생태계 교란시킨다'. 이 대목에서 시인은 플라스틱이 단순한 오염원이 아니라, 자연의 순환 속으로 깊숙이 들어와 있다는 점을 강조한다. 미세플라스틱은 눈으로 보이지 않는다. 하지만 그것은 바다에서 물고기의 먹이가 되고, 결국 죽은 물고기의 영혼이 되어 다시 하늘로 올라간다. 그 영혼은 '눈비 바람으로 내려' 다시 지구로 돌아온다. 자연의 순환을 따라 돌고 도는 것은 이제 물만이 아니라, 오염과 죽음이다. 그리고 이 순환 속에서, 인간 역시 자유롭지 않다. '편리라는 이름을 붙여 마구 쓰는 플라스틱 돌고 돌아 사람의 몸속도 플라스틱 천국'. 결국, 우리가 버린 플라스틱은 다시 우리에게 돌아온다. 미세플라스틱은 이미 바다를 넘어서 공기 중에서도 발견된다. 우리는 매일 플라스틱을 섭취하고 있으며, 우리의 몸도 결국 '플라스틱 천국'이 되어간다. 이 시의 가장 강렬한 부분은 인간은 플라스틱을 만들었고, 편리하다고 사용했지만, 그 결과, 우리 자신이 플라스틱으로 채워지고 있다. 결국, 플라스틱이 인간의 일부가 되는 세상이 온 것이다.

'남과 다른 시 쓰기 동인들 꿈속에서도 환경 생각, 마지막 연에서 시인은 환경 문제에 대한 자각을 가진 '시 쓰기 동인들'을 등장시킨다. 이들은 '1회용 줄이려 편리를 줄이고 있다'. 편리를 줄이는 것이야말로, 진정한 환경 운동이라는 메시지를 담고 있다. '환경시 쓰면서 상처 난 지구에 연고 발라주며 지구 살리자고 돌풍 일으킨다'. 환경시는 단순한 글이 아니라, 지구를 치유하는 연고다.

이 시는 독자가 플라스틱 문제에 대해 생각하게 만들고, 작은 실천을 고민하도록 한다. 그리고 그 작은 움직임들이 모이면 결국 거대한 돌풍이 될 수 있다는 희망을 남긴다. 이 시는 '환경 보호'라는 교훈적인 메시지를 넘어, 우리가 살아가는 시대의 역설과 비극, 그리고 저항의 가능성을 담아낸다. 이제, 우리는 어떤 돌풍을 일으킬 것인가?

밀랍으로 기록한 연대기 외 2편

장 진

서울 한복판 교회 종탑 아래 자리를 잡았어요

산과 들에 살던 동료들 공중에서 살포하는 제초제에 몰살당해
벌벌 떨며 가을물처럼 야위어갈 때
한 번도 자신의 무덤을 가져보지 못한 비눗방울 같은 희망 하나 발견했어요

살충제가 묻지 않은 산과 밭 경계 가장 밀도 높은 그늘 한 떼기 일궈
  바람그늘에 집을 지은 이웃
  농부의 분꽃씨 같은 까만 맹독성 약에 몰살당했어요

  나이테를 저승으로 옮기던 나무가 손가락질을 했어요
  저기, 저 교회 가장 높은 첨탑 밑
  마지막 유언의 손가락 끝을 따라 골목으로 갔어요

  십자가 첨탑밑에 밀랍으로 집을 짓고 밤이면 붉은 십자가 불을 보며
  화장품·초·전기절연물·광택제光澤劑를 위해 사람 손에 끌려가지 않게 해 달라고 붉은눈물 흘리며 기도했어요

\>
저 붉은 십자가는 얼마나 많은 지옥을 천당으로 안내했는지
하늘에 닿은 기도는 얼마나 많은 어둠을 밝음으로 환승했는지

이쪽도 저쪽도 아닌 어정쩡한 세월
조금만 쓰면 뱉아버리고
실바람만 불어도 부러지고 말 것 같은 낡아빠진 혁명
한때 인간들의 목숨줄이었던 꿀처럼 단맛들은
절실한 암담함 날갯짓하며 날아다니고
노란줄무늬 휘감은 불안은
물 마른 논바닥 올챙이처럼 극한을 오글거렸어요

벌의 목숨도 머지않아 사라질 것이라는 소문이 따끔거리며
혁명가 같은 불안함을 쏘아댔지요

십자가에 기도를 걸어놓으면
바람이 기도를 하느님에게 날라줄까요?

아련한 미궁에 또 다른 살충제가 고여 있다는 말보다
문틈으로 들어오는 희망 한 줄기 절실해
앵앵앵앵 불도 나지 않은 집에 구급차를 불러봅니다

선인장

옥상 한귀퉁이
주인 잃은 손가락 선인장
종일 쪼그리고 앉아 비바람 눈 맞으며
부처에게 경배 중이다

겨울이면 하얀이불 덮고
봄이면 나비입으로 들어가 잠들고
여름엔 구름 그늘 끌어당겨 빛을 밀어내며 장맛비 소리에
혹시나
혹시나
귀 싱싱 세우며 주인 발소리 더듬다
가을이면 가시 울타리에 갈색 눈물 걸어놓고
애타게 주인을 기다린다

시차의 쓸쓸한 유래는 기다림에 있다는 생각을 달래려
구름을 찍어도 바람을 찍어도
붓끝마다 주인 냄새만 난다

울음마저 말라버려 눈을 감는다
눈속에서 가시가 자란다

선한 마음으로
인내하며
장하다는 말 한마디 주인에게 듣고 싶은

연두의 시간은 운명이란 바구니에 담겨 적막하게 늙어간다

명문대

명문대 동문회에 갔다

명태 회장의 인사말
알래스카 해역 깊은 곳에 살다가
바닷속 오염되어 맑은 물 찾아다니다
그물에 잡혀 왔습니다

문어 교수의 축사
강원도 속초 대포항에 살다가
바닷속 폐그물 피해 조심조심 역사를 쓰려
항아리 속에 숨어 있다 잡혀 왔습니다

대하 고문의 격려사
태안 백사장에서 살다가
낚시꾼이 버린 쓰레기 피해
잔잔한 물속에서 놀다 그물에 잡혀 왔습니다

오늘 참석해 주신 명문대 동문들 모두 고맙습니다
이제 명문대 여러분의 마지막을
이렇게

눈 멀뚱멀뚱 뜨고 한 접시 위에 누워서 함께 갈 수 있음을 영광
스럽게 생각합니다

명 태
문 어
대 하
대형 접시에 눈을 뜬 채 눕는다
명문대생들의 동문 모임은 최후의 유언이었다

시감상 1 |

 2025년도 을사년乙巳年 영주신문 제2회 전국 신춘문예 심사평을 듣다. 2025년도 영주신문 제2회 신춘문예 응모한 작품은 각 지방별로 보면 작년 제1회 때보다 많은 문인들이 응모했다. 지역별 응모 편 수를 보면 서울 270편, 경기도 337편, 전남 301편, 전북 198편, 충남 144편, 충북 117편, 경남 138편, 경북 161편, 부산 67편, 제주도 61편, 강원도 78편, 대구 151편 등 응모해 왔다. 총 편수는 2023편이었다. 심사위원들 4명이 작품 전편을 엄정하고 꼼꼼하게 심사했다. 작품을 나누어서 1차 심사한 후 좋은 작품을 선정하여 다시 윤독하면서 가장 훌륭한 작품을 찾아내려고 더욱 고심하였다. 따라서 네 사람의 심사위원들이 만장일치로 좋다고 하는 작품은 장진(본명, 장진길)의 작품 「밀랍으로 기록한 연대기」 외 4편이었다. 당선작품 첫머리에 '서울 한복판 교회 종탑 아래 잡았어요'. 이렇게 시작한 작품은 벌들이 생존을 위해 산과 들에 살포되는 제초제와 살충제를 피해 몰살당하지 않기 위해서 서울 한복판에 있는 교회의 가장 높은 첨탑 밑에 마지막 유언의 손가락 끝을 따라 자리를 잡고 살아가고 있다는 것이다. 독일 태생의 알버트 아인슈타인Albert Einstein의 예언에 의하면 '꿀벌이 사라지면 인류도 4년 안에 멸종될 것이다.'라는 말이 있다. 시인은 이 벌들이 십자가 첨탑 밑에 밀랍으로 집을 짓고 밤이면 붉은 십자가 밑에서 사람들 손에 끌려가지 않도록 붉은 눈물을 흘리며 기도한다고 했다. 이 시인의 상상력이 어디까지에 도달할 것인가를 생각해 보았다. 저 붉은 십자가는 지옥으로 갈 많은 사람들을 천국으로 안내하고 또 하늘에 닿을 기도를 통해 많은 어둠을 밝음으로 인도하고 있는지를 상상하고 있다. 알버트 아인슈타인은 지식보다 중요한 것은 상상력(Imagination is more important than knowledge)이라고 하였다. 상상력은 인간사人間事 발전에 기초다. 시인에게 있어서도 가장 중요한 것은 풍부한 상상력을 바탕으로 훌륭한 작품을 쓰는 것이다. 시의 마지막 부분에는 '십자가에 기도를 걸어놓으면/ 바람이 기도를 하느님에게 날라줄까요?' 기도의 힘으로 하느님께 의지하고 싶은 마음을 피력하고 있다. 작품「선인장」은 춘하추동 주인을 기다리며 살아가는 선인장의 삶, 선인장의 울음마저 말라버린 마음 아프게 기다리는 삶을 그려놓았다. 기다린다는 것은 그리움이고 그리움에는 마음을 도려내는 아픔이 따르는 것이다. 작품「명문대」는 시인의 기발한 상상력을 발휘하여 쓴 작품이다. 바다에 살고 있는 어족들의 첫머리 글자를 따서 시 제목을「명문대」라고 하고 그 동문회에서 명태의 인사말, 문어교수의 축사, 대하 고문의 격려사를 통해 오늘의 삶을 명문대 학생들의 유언으로 표출하고 있다.

　작품「동굴 속 독화살」은 무서운 상상력의 시이다. 요즘 정치인들의 막말을 들으며 이 작품이 얼마나 무섭고 아름다운 시인가를 느끼게 한다. 사람의 말은 동굴 속의 독화살도 되고 또 남에게 듣기 좋은 말로도 표현될 수도 있다는 것이다. 입속을 하나의 동굴이라고 하면 입속의 말은 그 말을 뱉어내기 전에는 독이 들었는지 꿀이 들었는지 아무도 모른다. 시인은 마지막 한 행에 '말은 최초에 뱉은 시간만 기억하다 사라진다.'라고 표현하고 있다. 마지막 작품 「주목」도 좀 기발한 작품인 동시에 아이러니한 작품이다. 작품의 첫 연에서부터 셋째 연까지의 주목은 '주목하세요'의 주목이다. 마지막 연에서는 생쥐가 주목을 타고 오르는 것으로 이미지image를 달리하고 있는 작품이다. '어제를 통해 배우고, 오늘을 통해 살아가고, 내일을 통해 희망을 품습니다. 중요한 것은 끊임없이 의문을 멈추지 않는 것입니다.'라는 아인슈타인의 말을 우리 모두 기억하기 바란다.

시감상 2 |

  명문대란 무엇인가? 명문대란 소위 유명한 대학교를 말하고, 그 대학의 학생들은 돈과 명예와 권력을 다 움켜쥘 미래의 인재들을 말한다. 낙타가 바늘구멍을 통과하듯이 좁은 문을 통과했고, 가장 훌륭한 스승 밑에서 최고급의 인식의 제전을 배우고, 그 사상과 이론을 통해서 모든 인간들을 지상낙원으로 인도해갈 천재들이 소위 명문대생들이라고 할 수가 있다. 명문대생들은 인간의 미래이며, 이 명문대생들이 창출해내는 진리에 의하여 우리 인간들은 모든 불행을 극복하고 영원불멸의 삶을 살아가게 된다.

  장진 시인의「명문대」는 대단히 아름답고 뛰어난 시이며, 그의 **뼈**를 깎는 듯한 절차탁마의 소산임을 뜻한다.「명문대」는 상상력의 혁명의 소산이자 환경시의 진수이며, 그 모든 가치를 전도시킨 새로운 서사시라고 할 수가 있다. 그의「명문대」는 속칭 세속적언 명문대가 아니라 명태와 문어와 대하가 주도하는 명문대이며, '명문대 동문회에 갔다'는 일종의 반어이자 역설이라고 할 수가 있다. 명문대도 없고, 명문대생도 없다. 명태와 문어와 대하의 미래도 없고, 그 모든 꿈과 낭만이 사라진 지도 오래되었다. 따라서 명태와 문어와 대하가 주도하는 동문회는 최후의 유언의 장소이자 지구촌의 종말의 현장이라고 할 수가 있다.

  장진 시인의「명문대」는 명태와 문어와 대하의 약칭이며, 명태는 명문대 회장이고, 문어는 명문대 교수이고, 대하는 명문대 고문이다. 명태 회장은 그의 인사말을 통해서 '알래스카 해역 깊은 곳에 살다가/ 바닷속 오염되어 맑은 물 찾아다니다/ 그물에 잡혀 왔'다고 말하고, 문어 교수는 그의 축사를 통해서 '강원도 속초 대포항에 살다가/ 바닷속 폐그물 피해 조심조심 역사를 쓰려/ 항아리 속에 숨어 있다 잡혀 왔'다고 말하고, 대하 고문은 그의 격려사를 통해서 '태안 백사장에서 살다가/ 낚시꾼이 버린 쓰레기 피해/ 잔잔한 물속에서 놀다 그물에 잡혀 왔'다고 말한다.

장진 시인은 그의 「명문대」를 통해서 명태와 문어와 대하를 삼인방으로 등장시키고, 이 등장인물들을 통해서 그들의 삶의 터전이 폐그물과 쓰레기와 오폐수로 오염되어 있고, 더 이상 그들의 바다는 살만한 곳이 못된다는 것을 이렇게 역설한바가 있다. '오늘 참석해 주신 명문대 동문들 모두 고맙습니다/ 이제 명문대 여러분의 마지막을/ 이렇게/ 눈 멀뚱멀뚱 뜨고 한 접시 위에 누워서 함께 갈 수 있음을 영광스럽게 생각합니다.' 장진 시인의 「명문대」의 무대는 바다횟집의 접시이며, 그 주제는 '최후의 유언'이고, 그 결말은 이 '지구촌의 역사의 종말'이라고 할 수가 있다.

장진 시인은 그의 「명문대」를 통해 현실주의와 이상주의를 결합시키고, 그의 이상과 꿈이 산산이 부서지고 좌절된 현실 속에서 어쩔 수 없이 염세주의 철학의 실천 주체가 된다. 요컨대 '명태/ 문어/ 대하/ 대형 접시에 눈을 뜬 채 눕는다/ 명문대생들의 동문 모임은' 그 즉시, '최후의 유언'이자 집단자살(살생)의 현장이 된 것이다. 아아, 어쩌면 명문대와 명문대, 최고의 영광과 최후의 비참함이 이처럼 극 사실적이고 감동적이며, 대 서사시적인 드라마가 될 수가 있단 말인가?

프리드리히 니체가 그의 『비극의 탄생』을 통해서 정립한 두 유형의 예술가가 있는데, 아폴로 유형과 디오니소스 유형이 바로 그것이라고 할 수가 있다. 언제, 어느 때나 과도함과 지나침을 요구하지 않고 자기 절제를 하는 시인은 아폴로 유형이고, 자아를 망각한 황홀함 속에서 그 도취의 즐거움을 사는 시인은 디오니소스 유형이다. 장진 시인은 선천적으로 아폴로 유형이고, 그의 언어와 감정은 너무나도 철두철미하게 절제되어 있다. 그는 우리 인간들의 너무나도 뻔뻔스럽고 파렴치한 생태환경의 파괴와 무차별적인 살생의 만행에도 분노(흥분)하지 않으며, 그 비극적인 최후마저도 너무나도 차분하고 담담하게 진행한다.

산다는 것과 죽는다는 것을 모두 초월한 대 서사시인이자 대철학자다운 면모이며, 모든 아름다움은 '절제의 미학의 산물'이라고 주장하고 있는 것인지도 모른다.

모든 만물의 죽음과 지구촌의 종말을 이처럼 차분하고 담담하게, 너무나도 극 사실적이고 아름답게 묘사하다니, 참으로 놀랍고 경이로운 염세주의 철학의 대가라고 하지 않을 수가 없다.

고인돌 외 2편

정 구 민

긴 시간을 깔고 앉은 묵묵한 숨소리

저 숨소리 해부하면
태초의 생명 암호를 풀 수 있을까?

영원히 지지 않을 꽃
젖지 않을 삶
그림자 없는 별들이
이 세상에 없는 계절을 가꾸고

잘 익은 달빛
떫은 별빛
비린 바람소리
죽은 영혼이 함께 지은 집

푸르던 삶
널따란 가슴 하나 내려놓은 곳

민초들 노랫소리
벌나비 춤사위

소리 없이 흐르는 구름 한 조각과
유장한 강줄 바라보며
괴어놓은 상석

시간의 목을 부러뜨려
고인돌의 너비와 속을 들여다 볼 수 있을까?

두 발로 걷고 있는 시간이 시리다

산딸기

붉은 물음을 만들어 내는 건 혁명인가요?

내가 먼저 녹색길 닦으면
나비가 향기 물어 나르고
시원하고 맑은 휘파람
초록으로
허공虛空 유영하고
저마다의 소리로
세상을 끌고 가는
자연생태
초여름 흔드는 문배마을 가는 길

엉겅퀴 보랏빛 향기가 산딸기 빛을 다 털어 마신 하루

문배마을
외로운 산길
비밀에 파묻혀
솥적다 솥적다
한민족의
깜부기 울음

산딸기를 익히네요

바람도 비껴부는 절벽에
달빛 시리도록 휘황하고

남다시 경전
세상 흔들어 춤을 추고
낮달은 푸르게 떴네요

구더기 말

뒷간벽 기어오르며 수도하는 것
안 보이나요?

기어오르다 굴러떨어지고
다시 기어오르며 수도해
허물 벗고 날아오르는 것 보이지 않나요?

구더기에서 파리란 이름으로
환골탈태
날아오르는
구더기 더럽다 눈살 찌푸리지 말아 주세요

세계 문명의 왕은 파리대왕입니다

할미꽃 독약 먹고 떨어져
화장실에 시체로 쌓인 것 보이지 않나요?
밭에서 흙과 섞여 함께 뒹굴며
양식을 만드는

서툴러서 자꾸 미끄러지고

모자라서 두 손 모아 싹싹 빌며
결박당한 소리를 풀어내는
앵 앵 애애앵

생명줄 이어가는 소리 들리지 않나요?

시감상 |

 돌이란 말에는 아름답다는 말이 산다. 세상에 가장 아름다운 모든 보석은 다 돌이다. 고인돌은 수천 년 동안 돌로 기둥을 세우고 기둥 위에 몸을 눕히고 서로 머리를 맞대고 죽은 사람을 보호하고 있다. 우리 조상들의 지혜가 가득 고인 돌을 우리는 고인돌이라고 한다. 돌에도 피가 있고 살이 있고 생각이 있다는 말이다. 사람들은 머리를 돌머리라고 비하하지만, 돌을 다듬어 금이나 옥이 되게 하고 철이나 청동을 섞어 돌의 쓸모를 생각해야 한다. 다행스럽게도 시인은 돌의 속까지 들여다보며 연구하고 상상의 나래를 편다. 정구민 시인의 시를 감상하며 상상 속으로 따라가 보자.

 긴 시간을 깔고 앉은 묵묵한 숨소리

 저 숨소리 해부하면
 태초의 생명 암호를 풀 수 있을까?

 영원히 지지 않을 꽃
 젖지 않을 삶
 그림자 없는 별들이
 이 세상에 없는 계절을 가꾸고

잘 익은 달빛
떫은 별빛
비린 바람소리
죽은 영혼이 함께 지은 집

푸르던 삶
널따란 가슴 하나 내려놓은 곳

민초들 노랫소리
벌나비 춤사위
소리 없이 흐르는 구름 한 조각과
유장한 강줄 바라보며
괴어놓은 상석

시간의 목을 부러뜨려
고인돌의 너비와 속을 들여다볼 수 있을까?

두 발로 걷고 있는 시간이 시리다
─「고인돌」 전문

'시간의 목을 부러뜨려/ 고인돌의 너비와 속을 들여다볼 수 있을까?' 아마도 사람들은 고인돌의 너비와 속을 들여다볼 생각은 커녕 '황금 보기를 돌같이 하라. 여자 보기를 돌같이 하라.'라는 돌을 완전히 도통했다고 생각하는 것인지 아무런 쓸모가 없다고 생각하는지 모를 묘한 속담을 만들어 내고 있음에 한 번쯤 생각을 기울여 보라는 말일 것이다.

다음 시 「산딸기」에서는 산딸기의 붉게 익은 모습을 보고 붉은 울음을 만드는 혁명이라는 상상을 해낸다. 또 '엉겅퀴 보랏빛 향기가 산딸기 빛을 다 털어 마신 하루// 문배마을/ 외로운 산길/ 비밀에 파묻혀/ 솥적다 솥적다/ 한민족의/ 깜부기 울음/ 산딸기를 익'힌다고 아름답고 슬픈 목소리로 이어가는 것 같지만 결국엔 '바람도 비껴부는 절벽에/ 달빛 시리도록 휘황하고/ 남다시 경전/ 세상 흔들어 춤을 추고/ 낮달은 푸르게 떴네요' 하고 이 시리도록 휘황한 환경에 대해 걱정을 하며 환경 경전만이 세상을 흔들어 춤추게 하고 낮달도 푸르게 뜨게 한다고 경각심을 일으키게 한다. 다음 시를 살펴보자.

뒷간벽 기어오르며 수도하는 것
안 보이나요?

기어오르다 굴러떨어지고
다시 기어오르며 수도해
허물 벗고 날아오르는 것 보이지 않나요?

구더기에서 파리란 이름으로
환골탈태
날아오르는

구더기 더럽다 눈살 찌푸리지 말아 주세요

세계 문명의 왕은 파리대왕입니다

할미꽃 독약 먹고 떨어져
화장실에 시체로 쌓인 것 보이지 않나요?
밭에서 흙과 섞여 함께 뒹굴며
양식을 만드는

서툴러서 자꾸 미끄러지고
모자라서 두 손 모아 싹싹 빌며
결박당한 소리를 풀어내는
앵 앵 애애앵

생명줄 이어가는 소리 들리지 않나요?
—「구더기 말」 전문

  정구민 시인은 가장 더럽고 소외되고 사람들로부터 외면당하는 것을 관찰하고 통찰해 시를 부각시키고 있다. 이 또한 환경 시다. 구더기 같은 말을 하지 않더라도, 그 천박한 구더기도 날아서 세상을 휘저으며 생명줄 이어가는 소리가 들리지 않느냐고 반문하고 있다. 인도의 변호사이자 정치인이자 독립운동가인 간디는 '우리는 우리가 가진 것으로 세상을 변화 시켜야 한다.'라고 말했다. 시인이 가진 것은 글이니 글로 경전을 써서 온 지구촌으로 나르는 시인이야말로 가진 것으로 세상을 변화시키는 일을 하고 있는 것이다.

2부

파롤 혹은 랑그 외 2편

글 나 라

익숙지 않은 키오스크
영화관 음식점 커피점 버스

저 자리에서 일해
자식 등록금 노모 병원비를 해결하던
그 사람들은 어디로 밀려났을까?

떫은 감을 먹은 듯
씁쓸함이 입안 가득하다

물질적 풍요
배짱은 늘고
인정은 줄었다

얻는 것과 잃는 것
살아가는 것과 사라지는 것
친절한 표정 따뜻한 대화도 없이
필요만 싣고 오가는 시대

강렬했던 태양 짧아지고

싸늘함 빠르게 밀려든다

툭
발에 채인 돌멩이
아픔을 어루만져 주며
모든 악기속 사람이 들어있듯
저 키오스크 안에도 사람 하나씩 들어있겠지
위로하는 하루

말 말 말

나랏말싸미 듕귁에 달아~
한글을 흘깃거리는 세계 사람들

한글의 고향 사람들
우주의 파동을 타고
지구의 환경을 살려요

문장에
말 말 말
어떤 말로도 한글 다 번역할 수 없어
온 세상 사람들 부러워하네요

작은 씨앗 하나
우주를 들어 올리듯
한글 반짝이며
온누리를 환하게 비출 거예요

간절하면 이루어진다구요

파동과 에너지

\>
주파수는 한글에 무한한 기를 몰고
자유로운 상상의 나래를 펼쳐

우주 살리는 길잡이가 되어
바람처럼 달려갑니다

생각 보호 구역

비좁은 생각 길이를 넓혔으면 좋겠다

비 눈 안개 서리는 외발로 중심을 잡고
허공을 떠돈다

신기루 잡으려는 순간
구불텅구불텅
물소리처럼 사라진다

봄동은 월동을 밀어내고
파란 고개 내밀어
공간을 채우기 위해 불면의 층을 이어 간다

푸른싹들의 기적은
꿈일까? 생시일까?

근심도 따라 자란다

날뛰는 말줄기
아슬아슬 현재진행형으로 분출될 때

〉
말 알맹이 빠진 공간
몸무게 몇 평이나 넓어졌을까?

발가벗은 생각 누름돌로 눌러 놓아볼까?
햇빛은 은혜로운 유서일까?

생각이 보호 구역에 무단 침입한 하루

시감상 I

 '랑그Langue와 파롤Parole은 구조주의 언어학의 시초인 페르디낭 드 소쉬르가 처음 사용한 낱말들로, 언어 활동에서 사회적이고 체계적 측면을 랑그라고 하였고 개인적이고 구체적인 발화의 실행과 관련된 측면을 파롤이라고 불렀다. 랑그와 파롤은 상반되지만 서로 상호 보완적으로 작용한다. 다시 말하자면 파롤은 같은 내용의 언어가 사람마다 달라지는 것을 뜻하는 것으로 실제 발화 행위이며, 이러한 다양한 파롤을 가능하게 하는 것이 랑그이다.'라고 정의되어 있다.

 언어란 다른 사람과의 의사소통 도구이기 때문에 서로 공통된 규칙이 있다. 파롤은 개별적으로 대화하는 것이지만 랑그란 서로 간의 존재하는 공통된 문법이나 낱말들의 규칙과 고정적인 원칙이다. 같은 말이라도 상황이나 억양에 따라 받아들이는 뜻이 달라지는 이유는 파롤 때문이다. 여러 명에게 같은 말을 해도 받아들이는 뉘앙스는 천차만별이기 때문에 고정적이고 본질적인 랑그를 연구 대상으로 보았다. '실제로 발음하는 언어의 개인적인 측면인 파롤과 각 개인의 머릿속에 저장된 사회 관습적인 언어의 체계를 랑그라고 한다.'라는 정의를 한 편의 시로 엮어낸 글나라 시인의 발상은 독특하고 창의적이다.

　　익숙지 않은 키오스크

영화관 음식점 커피점 버스

저 자리에서 일해
자식 등록금 노모 병원비를 해결하던
그 사람들은 어디로 밀려났을까?

떫은 감을 먹은 듯
씁쓸함이 입안 가득하다

물질적 풍요
배짱은 늘고
인정은 줄었다

얻는 것과 잃는 것
살아가는 것과 사라지는 것
친절한 표정 따뜻한 대화도 없이
필요만 싣고 오가는 시대

강렬했던 태양 짧아지고
싸늘함 빠르게 밀려든다

툭
발에 채인 돌멩이
아픔을 어루만져 주며

모든 악기속 사람이 들어있듯
　　　저 키오스크 안에도 사람 하나씩 들어있겠지
　　　위로하는 하루
　　　─「파롤 혹은 랑그」 전문

　모든 악기 속 사람이 들어있는 사람의 말은 모두 파롤에 해당하고 저 키오스크가 천편일률적으로 뱉어내는 저 언어는 랑그에 해당할 것이다. 악기에서 나오는 사람의 말에는 인간미가 들어있지만, 키오스크가 뱉어내는 천편일률적인 언어에는 인간미가 없다.
　랑그와 파롤은 상반되지만 서로 상호 보완적으로 작용한다는 말을 이미지화시켜서 잘 그려낸 한 편의 그림 같은 시다.
　다음 시에서는 한글의 우수성을 말하는 시다.

　　　나랏말싸미 듕귁에 달아~
　　　한글을 훑깃거리는 세계 사람들

　　　한글의 고향 사람들
　　　우주의 파동을 타고
　　　지구의 환경을 살려요

　　　문장에
　　　말 말 말
　　　어떤 말로도 한글 다 번역할 수 없어
　　　온 세상 사람들 부러워하네요

작은 씨앗 하나
우주를 들어 올리듯
한글 반짝이며
온누리를 환하게 비출 거예요

간절하면 이루어진다구요

파동과 에너지
주파수는 한글에 무한한 기를 몰고
자유로운 상상의 나래를 펼쳐

우주 살리는 길잡이가 되어
바람처럼 달려갑니다
―「말 말 말」전문

 오늘날 우리나라가 세계 강국으로 우뚝 선 이유는 단연코 한글이란 글 덕분임을 부인할 사람은 아무도 없다. 그러나 우리는 언제나 그렇듯 가장 소중하게 곁에서 지켜주는 것에는 소중함을 모른다. 매일 쓰고 읽고 말하는 한글의 중요성 역시 잊고 산다. 시인은 온 세상이 부러워하는 한글의 고마움을 일깨워주고 있다.
 그리고 그 한글로 환경을 살리는 경전을 써서 '우주 살리는 길잡이가 되어 바람처럼 달려간'다고 결기 있게 외치고 있다. 글나라 시인의 시를 읽고 다시 한번 한글의 중요성을 생각하고 감사하는 마음을 가지길 기대해본다.

　다음 시 「생각 보호 구역」의 문을 열고 그 안에 얼마나 많은 생각이 살고 있는지 따라가 보기로 하자.

　생각을 보호하고 있는 구역은 참으로 가기 어렵다. '비 눈 안개 서리는 외발로 중심을 잡고 허공을 떠'돌고 있는 곳을 지나 '신기루 잡으려는 순간/ 구불텅구불텅/ 물소리처럼 사라진다.' 정신에 찬물을 확, 끼얹는다. 생각을 구경하기가 이렇게 어려운 것이다.

　'푸른싹들의 기적은/ 꿈일까? 생시일까?' 공상이 아닌 생각, '발가벗은 생각 누름돌로 눌러 놓아볼까?/ 햇빛은 은혜로운 유서일까?' 끝내 생각 한 마리 못 잡고 도리어 '생각이 보호 구역에 무단 침입한 하루'가 되고 만다. 역발상의 표본이다. 시 한 편을 건지기 위해 시인은 이렇게 많은 생각 속으로 달려갔다가 또 허탕을 치고 생각에게 도리어 무단 침입을 당하고 말다니? 글나라 시인의 생각 나라에 아무리 비싼 입장료를 내고 들어가더라도 흥미롭게 구경하고 나올 수 있을 것 같다. 평을 쓰는 내 생각이 감감해진다. 이 시가 세계인에게 날아가 환경에 관한 생각이란 걸 하게 했으면 하는 시인의 간절함이 묻어있다.

닮은 문장 외 2편

최 이 근

쓰레기 버리지 마세요

스티로폼 빈깡통
재활용품 잘 분리해 주세요
문구를 들고 서 있는 팻말

쓰레기
산처럼 쌓여 간다
저 많은 쓰레기는 다 어디로 갈 것인가?

쓰레기 쌓이는 만큼
매일 숲을 쌓는다면 지구는 숨을 쉴 텐데

두려움이나 무서움 없이
마구 쓰고 버리는 쓰레기더미
결국, 인간은 자기가 버린 쓰레기더미에 깔릴 것이다

채송화 씨 뿌리면 채송화 꽃피고
백일홍 씨 뿌리면 백일홍 꽃피듯
쓰레기 씨 뿌리니 쓰레기꽃 활짝 핀다는 거

닮은 문장인데 왜 모를까?

새별이 뜬다

새들도 날아와 머리를 조아리는 곳

기도가
푸른바람 흔들고
자연을 아끼는 퇴계 이황
지폐에 갇혀서도
환경을 위해 구겨지고 있다

어둠속
한 가닥 빛을 잡고
밤낮으로 쌓은 기도
길바닥에 붉은 눈물이 흥건하다

천상에서 풀려나
업장 소멸 해야
세상에 걸어놓은 복록을
다 받는다는 소명에
자신을 비우고 쌓기만 하다가 간 영혼

한 여인이

오래 쌓은 복록
후일 한글의 잎이 무성하고
꽃이 화려하고
열매 또한 알알이 영글어 가리라

온 세상엔 한글이
나뭇잎처럼 푸르게 자라고
푸른 바람이 세상 흔들게 할
지상의 모든 경전이 될 그 날

지구는 푸르고
하늘에는 새별이 반짝이리라

비정의 함묵 含黙

생을
살라 먹는 바람

넝쿨싹이 움튼다

양떼가 풀을 뜯고 있는 구름
마른장작 냄새가 바람을 탄다
땅을 뚫는 풀씨의 힘

물안개 피어오르고
목적 파랗게 뿌리 내리는
감성을 깨우며

돌머리에 앉아
실타래처럼 풀려나오는 생각들
세상을 위해 무엇을 할 수 있을까?

안개를 타고
산바람 기운을 받고
배가 불룩하도록 자연을 읽고 보니

생각은 나뭇가지에 앉아 하얗게 웃고 있다

거미나
제비는 집 짓고 알 낳아 지구를 이롭게 하는데

만물에 영장이라 큰소리치는 인간
왜 자꾸 지구를 괴롭히나?
질문 파랗게 키운다

시감상 I

 여기저기서 도깨비가 뛰어다니듯 뛰어다니며 산을 태우고 있다. 모두 인간이 만든 재앙이다. 조그만 부주의가 이렇게 어마어마한 숲을 한순간에 숯덩이를 만들고 천년 고찰을 일순간에 숯덩이를 만들어 버렸다. 최이근 시인은 환경오염과 인간의 소비 습관을 비판하면서, 문명과 자연의 대립 속에서 우리가 잊고 있는 진실을 시를 통해 통찰한다. 인간이 만든 환경적 문제들이 자연의 순환처럼 반복된다는 사실을 암시하며, 인간이 쓰레기를 무분별하게 버리는 행위가 결국 어떤 형태로든 되돌아온다는 경고를 내포하고 있다.

 「닮은 문장」은 문구 속의 경고와 현실의 문제를 적나라赤裸裸하게 드러내고 있다.

 '쓰레기 버리지 마세요'

 '재활용품 잘 분리해 주세요'

 일상에서 흔히 볼 수 있는 문구이지만, 현실에서는 이러한 경고가 무시되고 있다. 이러한 문장은 마치 자연의 법칙처럼 당연한 말이지만, 인간은 이를 실천하지 않고 있기에 시인은 '닮은 문장인데 왜 모를까?'라며 독자에게 깊은 자각을 요구하는 반어적 질문을 하고 있다.

 '쓰레기 쌓이는 만큼/ 매일 숲을 쌓는다면 지구는 숨을 쉴 텐데' 쓰레기가 쌓이는 현실과 숲이 사라지는 이 평범한 생각을 사람들은 한 번이라도 심각하게 생각을 안 하고 습관적으로 살아가기에 시인은 애가 타들어 가는 것이다. 타들어 가는 마음을 문명과 자연의 균형이 어떻게 무너지고 있는지를 시각적으로 보여주고 있다.

「새별이 뜬다」에서는 바로 '새들도 날아와 머리를 조아린다// 기도가 푸른바람 흔들고/ 자연을 아끼는 퇴계 이황/ 지폐에 갇혀서도/ 환경을 위해 구겨지고 있다'라고 자연과 인간의 관계를 조명하면서, 역사와 영성을 교차시키고 있다. 특히 환경을 위한 퇴계 이황의 희생과 한글의 번영을 엮어, 자연-역사-언어의 삼 중 교감을 형성하는 독특한 서사 구조로, 더욱 정교하게 푸른 바람과 자연의 윤리를 말하고 있다. 퇴계 이황은 단순한 역사적 인물이 아니라, 자연과 하나 되어 존재하는 초월적 상징으로 죽어서도 살아서 푸르게 성성하다. 그의 정신은 단순히 문헌 속에 갇히지 않고, 실물인 지폐에까지 남아 있다. 하지만 그것조차 '구겨지는' 현실은 환경의 위기를 함축적으로 드러낸다. 이는 생태적 감수성을 시어에 녹여내는 에코 포에닉스eco poetics의 기법이다.

또 '천상에서 풀려나 업장 소멸해야/ 세상에 걸어놓은 복록을 다 받는다는 소명에/ 자신을 비우고 쌓기만 하다가 간 영혼'은 불교적 세계관인 인간의 업業과 영혼을 먹이사슬처럼 그려놓았다. '업장 소멸'과 '복록'이라는 개념은 불교적 윤회를 상징하며 특히 '자신을 비우고 쌓기만 하다가 간 영혼'이라는 구절은, 희생과 봉사의 삶이 결국 어떤 식으로든 결실을 맺는다는 깨달음을 전달하며 초월적 가치와 신성한 존재를 구현하는 성스러움의 미학

Sacred Aesthetics이다.

'한 여인이 오래 쌓은 복록/ 후일 한글의 잎이 무성하고 꽃이 화려하고/ 열매 또한 알알이 영글어 가리라'에서는 아주 독창적인 한글을 자연과 같은 위치에 나란히 놓으며 생명력 있는 자연적 묘사로 상상력 푸르른 구절이다. 한글이 자라나는 잎이며 꽃이고 열매라는 은유는 언어의 유기적 성장과 번영을 상징하는 것이다. '온 세상엔 한글이 나뭇잎처럼 푸르게 자라고/ 푸른 바람이 세상 흔들게 할 지상의 모든 경전이 될 그 날' 한글을 단순한 글이 아니라 인간과 자연을 이어주는 '지상의 경전'으로 격상시킨다. 이는 한글을 초월을 뛰어넘는 존재로 탈 경계석 서(Trans-boundary Narrative)로서 언어와 자연의 융합인 새로운 문명의 패러다임을 뜻하는 것이다. '지구는 푸르고 하늘에는 새별이 반짝이리라'라는 구절에 박수를 보내고 싶다. 꼭 그렇게 되길 간절하게 염원하는 최이근 시인의 염원이 이루어지리라 믿어본다. '새별'은 문명의 새로운 방향성을 암시하는 상징적 메타포로 독자로 하여금 새로운 인식의 차원을 열어가도록 유도하는 문학적 성취를 이룬 시다

「비정의 함묵含黙」에서는 '생을 살라 먹는 바람/ 넝쿨싹이 움튼다'는 첫 구절에서 의미심장하고 환경 파괴에 대한 근본적인 질문을 던지고 있다. '비정非情'은 정이 없거나 냉혹함을 의미하고, '함묵含黙'은 말없이 모든 것을 삼키는 침묵을 뜻한다. 즉, 이 시는 자연이 말없이 모든 것을 감내하면서도 인간의 파괴적 행태를 묵묵히 견디고 있는 모습을 말하고 있다. 자연의 힘을 직관적으로

말하며 '생을 살라 먹는 바람'이라는 구절에서, 바람이 생명을 빼앗는 듯하지만 동시에 '넝쿨싹이 움튼다'는 구절을 통해 새로운 생명의 탄생을 암시한다. 이는 자연의 순환 원리를 시각적으로 형상화한 것으로, 에코 포에닉스의 기법으로 생명의 변증법을 활용하고 있다.

'양떼가 풀을 뜯고 있는 구름/ 마른 장작 냄새가 바람을 탄다/ 땅을 뚫는 풀씨의 힘'에서 최이근 시인은 풀을 뜯는 양떼의 이미지를 하늘의 구름과 연결하며 바람, 땅, 씨앗의 힘의 균형을 역동적으로 표현했다. '물안개 피어오르고/ 목적 파랗게 뿌리 내리는 감성을 깨우며'라는 표현은 인간이 자연을 보고 자연과 함께 숨 쉬며 자연 일부임을 깨달아야 한다는 말이다. 자연을 단순한 배경이 아니라 인간을 살아가게 해주는 공간임을 각성하게 하는 구절이다. '돌머리에 앉아/ 실타래처럼 풀려나오는 생각들/ 세상을 위해 무엇을 할 수 있을까?'라는 구절은 자연과의 교감 속에서 인간이 본질적인 질문을 던지게 하며 '돌머리'는 단순한 바위가 아니라, 인간의 사색과 깨달음의 장이 되게 해주는 자연 형이상학(natural metaphysics)의 개념이다. '거미나/ 제비는 집 짓고 알 낳아 지구를 이롭게 하는데' 이 시구는 자연 속 생명들은 자신의 역할을 수행하며 지구의 균형을 유지하는데 인간은 어떤가?

'만물에 영장이라 큰소리치는 인간/ 왜 자꾸 지구를 괴롭히나?'라면서 만물의 영장이라 자부하면서 지구를 마구 살인하는 반어법을 통해 인간 중심주의(anthropocentrism)의 모순을 지적하고 있다. 시인은 마지막 구절 '질문 파랗게 키운다'라는 결말로 인간이 아직 답을 찾지 못하고 지구를 훼손하고 있다고 독자들에게 철학적 화두를 던진다.

　비정의 함묵含默」이라는 제목처럼 침묵 속에 강한 경고를 담아 인간의 행위를 말없이 받아들이지만 이제 한계가 왔다는 생태적 경고를 울리고 있다. 이 시는 생태적 순환, 인간의 깨달음, 그리고 인간 중심주의의 반성을 시적으로 형상화하며, 독자가 존재론적 질문을 떠올리게 만든다. 자연은 생명의 터전이자 스승이며, 인간은 그 안에서 겸허하게 자신을 돌아보아야 한다. 결국, 이 시는 자연과 인간 사이의 관계를 깊이 성찰하게 하는 작품으로, 단순한 환경 시를 넘어 자연 철학과 문명 비판을 아우르는 깊이 있는 메시지를 담고 있다.

　최이근 시인의 시를 많은 독자가 읽고 생태적 순환, 인간의 깨달음, 그리고 인간 중심주의의 반성을 하며, 존재론적 질문을 했으면 좋겠다. 자연은 생명의 터전이자 스승이며, 인간은 그 안에서 겸허하게 자신을 돌아보아야 한다. 최이근 시인의 시는 단순한 환경 시를 넘어 자연 철학과 문명 비판을 아우르는 깊이 있는 메시지를 담고 있다. 이 시가 전 지구를 날아다니며 환경 경전의 역할을 톡톡하게 할 것이라 믿는다.

반려 해변 외 2편

고 윤 옥

밀물이 뛰어오면
해변은 일제히 고개를 든다

비틀비틀 배를 움켜쥔 바다
울컥 쓰레기를 토해내며
창백한 얼굴로 모래위에 엎어지니
해변 울컥울컥 눈물 쏟는다

안타까운 사람들
닦아주고 안아주며 해변을 쓰담쓰담

맑아진 모래사장
다시
철석철석 바다에 안기어 뒹굴고

차르르르 썰물은
다녀올게
손을 흔든다

반려 해변 표지판 근처엔 모래알들만 반짝반짝

쓰레기는 모두 어디로 갔나?

나무 공황증

폭풍 폭우 폭설
폭이 출몰하면 사시나무가 떱니다

너무 휑~하거나, 너무 비좁거나
나무가 목을 죄면 숨이 막힙니다

지나친 긴장 흥분한 박동
두통 불안 진땀 범벅
큰 숨 내쉬기도 어렵습니다

저항할 수 없다는 자괴감
깜깜한 미래
눈물만 하염없습니다

나무로 태어나
화려한 꽃으로 칭송받던 시절

느닷없는 폭격에 모두 잃고
꺼이꺼이 벌판에 널브러져 웁니다

>
하늘엔 구름이
사람이다가 동물이다가
반복하는 흐름

가다가다 궁극엔 모두 사라질 형상들

뿌연 시력은 천천히 뇌를 가동시켜
과거를 응용한 소설을 쓰지만

전쟁이 없으면 이기고 지는 것도 없다는
햇살의 대꾸에
뭉개진 마음이 침을 꼴깍 삼킵니다

사람들은 왜 그리 욕심이 많을까요?

개미역사

바닷가 창문에 기대
물보라를 바라봅니다

쓰레기통 채우는 내기를 하듯
마구 버리는 습성 때문에
환경오염이 온난화를 부르는 요즘

해빙으로 철철 넘쳐나는 바닷물
집 잃은 곰의 찝찔한 눈물에
빨간불이 켜지고

당황한 사람들의 재활용 강박은
일회용 휴지 아끼려는 조바심으로
광야를 헤매는 고행이 시작됐어요

남다시도
안간힘으로
녹아내리는 빙하를 막으려
두 손 두 팔 다 들고 소리소리 쓰는데

\>
바위에 계란 던지는 가소로운 행동이라 비난

독사가 우글거리는 거친 바위산에
개미 역사로 꽃길이 만들어지는 날

'지구에서 태어나 지구를 사랑했노라'
묘비가 빛날 듯한 예감입니다

시감상 l

    고윤옥 시인의 「반려 해변」은 환경과 인간의 관계를 매우 섬세하고도 감각적으로 풀어낸 현대 환경시다. 누구도 흉내낼 수 없는 독특한 감정과 이미지가 밀도 있게 잘 직조되어 있다.
    해변과 바다를 살아 숨 쉬는 존재로 의인화하여 자연의 고통을 독자들에게 공감하게 만들고 인간의 무책임한 행위가 어떤 고통을 유발하는지를 생생히 보여준다. '비틀비틀 배를 움켜쥔 바다/ 울컥 쓰레기를 토해내며/ 창백한 얼굴로 모래위에 엎어지니/ 해변 울컥울컥 눈물 쏟는다'라며 생리적 감각을 불러일으켜 신체적 공감을 유도하고 있다. 또 '닦아주고 안아주며/ 해변을 쓰담쓰담'은 반려동물과 사람 관계에서 사용되는 언어를 고리처럼 끌고 와서 해변과 인간관계로 확장하고 있다. 쓰다듬는 손길, 닦아주는 마음은 인간이 자연의 반려자가 될 수 있음을 암시하고 있다.
    '차르르르 썰물은/ 다녀올게 손을 흔든다'라는 구절은 자연의 리듬과 인간적 감성을 접목해, 생태적 순환에 대한 따뜻한 인식을 전달한다. '반려 해변 표지판 근처엔/ 모래알들만 반짝반짝/ 쓰레기는 모두 어디로 갔나?'의 의문형 구절은 독자들에게 묵직한 질문을 던진다. 쓰레기가 정말로 사라진 걸까? 아니면 우리의 시야에서만 가려진 건 아닐까? '울컥울컥' '철석철석' '차르르르' 등의 의성어, 의태어는 시에 음악성과 생동감을 불어넣은 것은 우리 한글만이 표현할 수 있는 아름답고 독특한 언어이다. 이 반복과 리듬은 마치 파도처럼, 자연의 호흡을 언어로 구현하면서 짧은 행과 반복되는 소리는 시 전체를 리듬과 운율 감을 느낄 수 있어 감각적으로 환경에 대한 감수성을 끌어내고 있다. 이 시를 감상하는 독자들은 마음속에 해변 하나를 품게 하는 힘이 느껴진다.

다음 시「나무 공황증」역시 생태파괴를 다룬 은유 시이다.
'폭풍 폭우 폭설/ 폭이 출몰하면 사시나무가 떱니다. 너무 휑~하거나, 너무 비좁거나/ 나무가 목을 죄면 숨이 막힙니다'. 이 문장은 나무의 신체적 고통을 호흡 곤란 진땀 두통 불안 등의 증상으로 구체화하며 자연이 겪는 고통을 인간의 공황장애와 동일 선상에서 풀어낸 시다. 나무는 여기서 단지 식물이 아닌 '환경 속 존재'의 총체적 상징으로, 우리가 외면해온 자연의 불안을 고스란히 떠안고 있다.

'화려한 꽃으로 칭송받던 시절'은 나무가 누리던 전성기, 혹은 인간 문명의 안정기를 지내다가 '느닷없는 폭격에 모두 잃고'라는 표현에서 갑작스러운 자연재해로 공간을 이동한다. 이것을 잘 생각해보면 자연의 폭력이란 말은 인간의 자업자득이란 말과 같은 것이다.

'꺼이꺼이 벌판에 널브러져 웁니다'는 나무의 울음은 죽어간 생명들의 공동체적 애도를 상기시키며, 단 한 그루의 나무가 아니라 '시대 전체'의 울음을 떠올리게 하는 섬뜩한 시구다. '구름이 사람이다가 동물이다가'라는 구절은 유동적인 존재, 변화하는 이미지의 반복 속에서 고정되지 않는 실체의 무상함을 말한다. 이는 시인의 뿌연 시력, 흐릿한 기억과도 연결되며 '과거를 응용한 소설을 쓰지만'이라는 구절은 단순한 회고가 아니라, 기억의 문학적 전환이라는 메타포 즉, 이 시 자체가 자연과 전쟁, 공황과 사유의 복합소설이며, 그 사유의 대상은 인간 문명이 자연을 어떻게 소비하고 버렸는가에 대한 반성이라고 볼 수 있다.

가장 인상 깊은 구절 중 하나는 '전쟁이 없으면 이기고 지는 것도 없다는/ 햇살의 대꾸'는 자연의 말이다. 자연은 싸우지 않는다. 단지 반복하고, 살아내고, 흘러가는 존재 앞에서 시인은 '침을 꼴깍 삼키는' 수동적인 인간, 부끄러움을 느끼는 자로 독자가 깊은 인상을 준다. '사람들은 왜 그리 욕심이 많을까요?'는 시 전체를 휘감는 질문이자, 독자를 향한 반성의 일침으로 이 질문은 시를 일종의 생태 윤리적 설문으로 시인의 고민을 독자의 고민으로 이양하고 있다.

이 시는 나무의 내면에 인간의 공황을 이식하고, 인간의 역사를 나무의 껍질에 새기고 그 결과, 자연은 생태적 감각을 넘어 정신적 공황의 증인이 되고, 시는 생명과 문명의 대립이 아닌 상호 침투를 예술로 성찰하게 하는 깊이와 복합성의 본보기를 보여주는 환경 시다.

다음 시 「개미역사」를 보자. 이 시는 압축적이면서도 예언적인 힘을 지닌 환경 시다. 아주 작은 개미를 아주 거대한 개미의 연대기로 잘 풀어낸 시다. 다소 도발적이기도 하지만 작고 미미한 개미를 역사라는 이미지를 통해 독특하게 써내고 있다.

작은 존재들이 견뎌온 거대한 시간, 즉 자연과 생명, 그리고 인간의 집단적 생태와 인간은 자신을 중심에 두고 문명을 말하지만, 이 시는 작은 존재의 행적이야말로 진짜 역사라는 대안을 제시하는 시다.

'쓰레기통 채우는 내기를 하듯/ 마구 버리는 습성 때문에/ 환경오염이 온난화를 부르는 요즘// 해빙으로 철철 넘쳐나는 바닷물/ 집 잃은 곰의 찝찔한 눈물에/ 빨간불이 켜지고'라는 시구는 뉴스보다 더 뉴스답고 다큐멘터리보다 더 감각적이다. 특히 '찝찔한 눈물'이란 표현은 북극곰의 비극을 시인의 눈으로 관찰해 시로 만든 것이다. 이미 되돌리기에는 너무 멀리 와버린 거리임을 암시하는 것인데 인간들은 이제야 '당황한 사람들의 재활용 강박은/ 일회용 휴지 아끼려는 조바심으로/ 광야를 헤매는 고행이 시작됐어요.'라고 '그린 워싱'이니 '필환경'이니 하고 떠드는 인간들에 대한 풍자이며 조롱이 아닐까 싶어 아찔해진다. 여기에 환경 시를 쓰는 단체인 '남다시도 안간힘'이라고 자조적인 한탄을 하고 있다.

'녹아내리는 빙하를 막으려/ 두 손 두 팔 다 들고 소리소리 쓰는데/ 바위에 계란 던지는 가소로운 행동이라 비난'이란 문구는 환경운동가들의 외침, 혹은 일상의 작은 실천들이라도 얼마나 절박한지를 말한다. '독사가 우글거리는 거친 바위산에/ 개미 역사로 꽃길이 만들어지는 날'이란 구절은 절망과 위험 적대가 다 들어가 있는 시구다. 그럼에도 불구하고 '지구에서 태어나 지구를 사랑했노라/ 묘비가 빛날 듯한 예감입니다.'라는 것은 묘비명은 죽음의 선언이 아니다. 오히려 인간 존재의 존엄한 종료를 예감하면서도, 그 속에 깃든 생태적 사랑의 영속성을 말한다.

이는 단순한 낭만이 아니라, 죽음을 품은 생의 윤리로 거대한 생태 담론을 날카롭게 풀어나가며 '희망이란 작고 느리게 기는 것'이라는 먹먹하고 아득한 그러나 존재의 끈질긴 생존기록은 결국 인류의 묘비명을 밝히는 빛이라고 말하고 있다. '자연은 우리에게 모든 것을 가르쳐 줄 수 있는 최고의 교사이다.' 윌리엄 세익스피어의 말을 옮긴 듯한 고윤옥 시인의 생태 시가 전 세계를 날아다니는 환경 경전이 된 지도 꽤 오래다.

아직은 외 2편

글 빛 나

지나가는 휘파람이 심장을 성난 황소처럼 뛰게 했어

신문에 배송된 지구의 골든타임 특보
환경 파괴로 어디론가 이주를 해야 할지도 모른다나

허구한 날
온갖 꽃과 벌나비에 취해 살았는데
무슨 개뼈다귀 같은 소리
믿을 수가 있어야지

거리로 나가봤어
자동차도 아무 일 없이 달리고
꽃도 피고 새도 울고
사람들도 온갖 호화찬란함에 취해 있었어

고개를 갸웃거려봐도 알 수가 없어

설마가 헛소문 같은 말을 차려놓아
사육당하고 있는 걸까?

\>
헐~

때론 모르는 게 약이지만
안다한들 달라질 건 없어

산책을 가려는데
황사가 산책 불가라
미세먼지 농도 높아 외출 자제라

아직은
괜찮다고 생각했는데
어쩌누!

돌돌돌

간절함 쌓여 돌로 굳었다

황금 보기를 돌같이 하란 말
돌 보기를 황금같이 해
평생 돌로 모정탑*을 쌓은
차순옥 여사

돌파 돌파 돌파
피와 땀과 전생을 섞어
뜨거운 액체를
단단하게 굳혀
기도를 제조한 장인

바람소리
개울물소리
새소리를 반죽해
쌓은 기도가 아프다

눈빛이 날카롭고
발톱이 날카롭고

부리가 날카로운
켜켜 쌓여서 외롭다

돌에서 태어나
먼지로 사라지는 영혼 한 다발

바람을 풀어 놓았나 보다
기도소리가
돌돌돌 쌓이는 걸 보면

* 강원도 강릉 노추산에 있는 탑 이름

상생

같은 물에 발을 두 번 담글 수 없다

어디든 머무르는 곳마다 주인되어

서 있는 곳이 참이 되는 상생의 길

꼬리를 얄량얄량 흔드는 버들강아지

봄을 열고

자기 스스로 되돌아가 밤이 되면 잎 오므리고

아침이면 만개하는 자귀나무처럼

풍경을 깨우는 바람을 차감하고

뼈만 남은 윤회의 수레바퀴로 걸어 들어갔다.

멍든 갈피마다

\>

접었다 펴기를 반복하는 업장 소멸

뎅그렁!

굴러떨어져

어쩌나 남이 걸어간 길은 이미 길인 걸

범종은 알고 있을까?

시감상 |

  글빛나 시인의 시는 환경 문제에 대한 경각심을 독특한 시선으로 풀어낸 작품이다. 자연과 인간의 공존은 너무나 당연한 것을 잊고 살아가는 독자들에게 환경 위기의 현실을 고발하는 시다.
  짧고 간결한 행들로 독자가 직관적으로 내용을 흡수할 수 있을 뿐 아니라 대화체와 감탄사 '헐~'을 활용하여 현대적이고 구어체 느낌을 살려, 친숙하면서도 공감할 수 있는 분위기를 자아낸다. '무슨 개뼈다귀 같은 소리'와 같은 표현은 환경 위기에 대한 대중의 무관심을 풍자해학으로 꾸짖는 동시에 그 무관심이 위기를 가속화하고 있음을 암시한다. '아직은 괜찮다고 생각했는데 어쩌누!'라는 문장은 현실을 깨닫는 주제 의식과 역설적 표현으로 허탈함과 무력감을 효과적으로 전달하고 있다.
  글빛나 시인은 '사육당하고 있는 걸까?' 언론과 사회적 담론 속에서 인간이 진실을 외면하도록 길들여지고 있음을 이상과 현실의 괴리를 풍자하고 있다. '호화찬란함에 취해'라는 구절은 환경 파괴의 심각성을 날카롭게 꼬집는다. '괜찮다'고 믿으며 살아가지만, 이미 돌이킬 수 없는 상황이 도래했음을 암시하는 이 시는 문체의 경쾌함과 현실 비판적 태도가 어우러져 묵직한 메시지를 효과적으로 전달한다.

  다음 시 「돌돌돌」에서도 생태적 순환과 영혼의 시간성을 성찰하며 자연의 일부인 돌이 기도의 매개체로 기능하는 과정을 통해, '간절함 쌓여 돌로 굳었다'며 돌은 단순한 무생물이 아닌, 인간의 염원과 역사가 응축된 생명의 매개체로 호명하고 있다. 일반적으로 돌은 생명이 없는 존재로 여겨지지만, 이 시에서는 '기도를 제조한 장인'처럼 살아 숨 쉬는 존재로 변모하며 또한, '돌보기를 황금같이 해'라는 역설적인 표현은 자연의 가치를 인간 중심적 관점에서 새롭게 바라보며 황금보다 가치 있는 돌 — 즉, 인간이 쌓아 올린 신념과 자연이 함께 만든 형상에 대한 재해석이다. '바람소리/ 개울물소리/ 새소리를 반죽해 쌓은 기도가 아프다'고 자연의 요소들을 기도의 물질로 활용되고 있다. 바람, 물, 새소리는 모두 생태계를 이루는 구성 요소이면서도 동시에 인간의 염원이 깃든 기도로 인간과 자연의 관계를 하나로 엮고 있다. 자연과 인간이 함께 호흡하며 교감하는 관계라는 점을 시각적으로 형상화하며 인간의 기도는 자연에서 왔으며, 자연을 통해 다시금 전달된다는 순환적인 생태적 관점을 제시한다. '켜켜 쌓여서 외롭다'라는 대목에서 돌은 단순한 물질을 넘어 하나의 존재로 의인화하며 돌은 결국 먼지가 되어 흩어지지만, 기도는 '돌돌돌' 쌓여가며 흔적으로 남는다고 말한다.

'바람을 풀어 놓았나 보다/ 기도소리가 돌돌돌 쌓이는 걸 보면' 마지막 부분에서는 바람은 흩어지는 존재지만, 동시에 기도를 모으고 쌓이게 하는 힘이 되고 돌로 쌓인 기도가 바람을 타고 다시금 자연 속으로 퍼져 나간다는 상상력을, 인간의 흔적이 자연의 일부로 회귀한다는 은유적 표현이다. 인간이 자연 속에서 쌓아 올린 것들이 결국 자연의 일부로 환원될 때, 그것이 자연과 조화를 이루는 방향이어야 한다는 암묵적 시사점을 담고 있다. 인간의 흔적도 자연의 일부로 환원됨을 보여주는 생태적 순환의 아름다움을 시적으로 형상화하며 '우리는 자연 속에서 무엇을 남기고, 어떻게 자연과 조화를 이룰 것인가'라고 독자들에게 묻고 있다.

아래 시 「상생」에서는 인간과 자연이 어떻게 공존하는지를 철학적으로 탐구하는 작품이다. '누구도 같은 물에 발을 두 번 담글 수 없다'라는 고대 그리스 철학자 헤라클레이토스의 명제를 가장 잘 증명해주며 변화 철학을 인용한 시다. 자연의 생명력과 시간의 순환, 그리고 인간의 길 위에서의 존재 방식을 성찰하고 있다.

우리가 똑같은 장소를 두 번 방문할 수 없는 것은 그곳에 가는 사람의 영향을 받아 그곳이 바뀌기 때문이다. 우리는 항상 똑같은 존재일 수 없다. 누구든 같은 길을 두 번 걸을 수 없다.

자연은 고정된 형태가 아니라 생명과 죽음, 성장과 소멸이 반복되는 역동적이며 이러한 변화 속에서 '어디든 머무르는 곳마다 주인 되어/ 서 있는 곳이 참이 되는' 것은 인간과 자연이 조화를 이루는 상생의 길이며 '꼬리를 얄랑얄랑 흔드는 버들강아지'는 부드러우면서도 변화에 잘 적응하는 봄의 시작을 알리는 존재인 자연의 생명력을 상징한다. 또한, '자기 스스로 되돌아가 밤이 되면 잎 오므리고/ 아침이면 만개하는 자귀나무처럼'이라는 대목은 자귀나무의 낮에는 활짝 잎을 펴고, 밤에는 오므려 휴식을 취하는 생체 리듬에의 특징을 잘 살린 시다.

'풍경을 깨우는 바람을 차감하고/ 뼈만 남은 윤회의 수레바퀴로 걸어 들어갔다'라는 윤회의 이미지를 강화한다. 바람은 생태계에서 씨앗을 퍼뜨리고, 대기의 순환을 돕는 중요한 요소로써 여기서 바람을 '차감'한다는 표현은 자연이 주는 생명력을 온전히 받아들이기보다, 점진적으로 소멸해가는 생명의 숙명을 말한다.

'뼈만 남은 윤회의 수레바퀴'라는 구절은 생명이 결국 죽음을 맞이하고, 다시 자연으로 회귀하는 생태적 순환을 극적으로 표현하며 단순한 삶과 죽음의 문제가 아니라, 자연 속에서 인간 또한 하나의 생명체로서 '어떤 흔적을 남기며 살아갈 것인가'라는 질문을 인간 바다에 조약돌을 던지듯 던지며 파문을 일으킨다.

'멍든 갈피마다/ 접었다 펴기를 반복하는 업장 소멸'에서 '멍든 갈피'는 생태계가 인간의 손길로 인해 겪은 상처이며 내면적 고통일 것이다. 그리고 '접었다 펴기를 반복하는 업장 소멸'은 수행적 과정으로서 마치 나비가 날개를 펼쳤다 오므리듯 형상화하다가 갑자기 '뎅그렁!' 하는 범종의 소리가 울리는 순간, 인간의 깨달음이 주어지길 기도하는 문장이다.

범종은 불교에서 우주적 진리를 알리기 위해 자연 속에서 울려 퍼지는 소리이다. '굴러떨어져/ 어쩌나 남이 걸어간 길은 이미 길인 걸'이라는 구절은, 결국 인간이 자연 속에서 걸어가는 길도 이미 선대 생명들이 만들어 놓은 길인데 인간은 무심코 가지만, 범종은 '이 길을 알고 있을까?'라는 의문을 던지며 인간이 자연에 대한 경외의 길을 인식하고 있는지 반문하며, 자연과 인간이 어떻게 공존해야 하는지를 생태적 리듬을 맞추며 살아가야 하는지를 윤회의 수레바퀴처럼 죽음 이후에도 다시 자연으로 순환하니 환경을 잘 보존하자는 환경 시다. 결국, 인간이 걷는 길은 자연 속에 있는 길이니 지구에 사는 우리는 어떤 발자국을 남겨야 하는지 질문을 던지는 시다. 이 시가 115개국을 날아다니며 사람들의 가슴에 닿기를 기도해본다.

3부

돌팔매 외 2편

권 택 용

바람 불고 추워 떠는
삶에 돌팔매질하는 사람
돌팔매는 적중하여
와장창 와장창
마음문을 깨버려 더욱 춥게 만드네

잦은 기상 이변
환했던 마음에 슬픔 수위만 올려놓는다
누가 누구를 탓할 건가

자연에 끊임없이 돌팔매를
던진 사람들 부메랑이 되어
연일 뿌연 미세먼지에 봄빛마저 허름해져
출렁출렁 젖거나 찢어지거나
지구 가슴에 돌팔매를 던지지 마라

돌팔매에 맞은 지구 가슴
상처 아물게 하는 연고는 없으니

단양 온달동굴

백두대간의 정기가 흐르는 단양
소백에 등 기대고 산고을 이며
남한강 푸른물에 두 다리를 걸친 강마을

온달산 아래 남한강변에
총길이 750m, 군데군데 진흙이 있어
미끄럽고 천장에서 물위로 떨어지는 물방울 소리
청아한 온달동굴

동굴의 생성물들은

형형색색의 빛깔을 띠고
어둠을 발아시키고 있다

탐방로엔
쌍방아공이
부부상
아기코끼리
천하대장군
코끼리바위들이 모여산다

\>
동굴생물의 황제 박쥐는 모두 어디론가 이주해
개방동굴에서 보기 어렵다

밤을 좋아하는
올빼미와 부엉이도
배고프다고 부엉부엉 울어댄다

자연 균형이 다 깨져
우리도 박쥐처럼 지구에게 쫓겨
어디론가 이주를 해야 할지도 모른다

입맛이 소태처럼 쓰다

다보탑

천년을 먹고 살아온 미려함

선과 선 각과 각 면과 면이 모두 슬픔꽃이 피었다

장구한 세월 동안
세찬 비바람 살을 에는 추위
땅을 흔드는 지진
편식하지 않고 받아먹었다

어느 예술가의 혼이
불국사 뜰 석가탑 가까이 있어
낯선 시간을 견디는데 차갑지 않겠구나

통일신라 하늘 한 귀퉁이에서
고려 조선땅을 거쳐
이제 대한민국의
빛나는 별

사다리 없는 시간을 건너느라
애썼다

그렇지?

시감상 I

  권택용 시인의 「돌팔매」 지배적 은유(dominant metaphor)다. 돌팔매라는 말 자체는 저항의 상징이자 공격의 수단이다. 그러나 이 시에서는 가해와 피해의 경계를 '와장창 와장창'이라는 의성어를 반복하며 감정의 격동과 파열을 생생히 드러나게 해준다.
  동시에 그 소리에 독자들이 긴장감을 높이게 한다. 여기에서 이 돌팔매는 인간이 자연에 던진 것이면서, 동시에 인간 자신의 삶에 던져진 것으로, 자가반성을 해보게 하는 시다.
  '잦은 기상 이변/ 환했던 마음에 슬픔 수위만 올려놓는다/ 누가 누구를 탓할 건가'라며 자연이 인간에 의해 어떻게 무너지는지를 직관적으로 보여준다. 또한 '연일 뿌연 미세먼지에 봄빛마저 허름해져 출렁출렁 젖거나 찢어지거나/ 지구 가슴에 돌팔매를 던지지 마라'와 같은 리듬을 넣음으로써 무의식적 불안의 흐름을 표현하며 시적 음률도 느낄 수 있다. 독자들에게 어떻게 하면 몰입하며 환경의 위급성을 알릴까? 밤낮 고민하고 생각하지 않으면 쓸 수 없는 시구다.
  '연일 뿌연 미세먼지에 봄빛마저 허름해져'라는 구절은 인간이 파괴한 자연이 다시 인간의 삶을 짓누르는 아이러니를 말하는 것이다. 봄빛마저 허름해졌다는 표현은 자연의 찬란함이 인간의 죄의식으로 얼룩졌음을 상징하며, 심미적 타락이다.
  '상처 아물게 하는 연고는 없으니' 어쩌란 말인가? 단순한 종결

이 아닌, 시적 단언으로 독자의 양심에 직접 말을 건다. 윤리적 전율을 유발하는 동시에, 회복 불가능한 생태계의 상처를 경고하며 비극이 다가오기 전에 깨달을 것을 외치고 있다.

다음 시 「단양 온달동굴」을 보자.

> '탐방로엔
> 쌍방아공이
> 부부상
> 아기코끼리
> 천하대장군
> 코끼리바위들이 모여산다'

아마도 시인은 석상들이 모여 사는 것을 본 것 같다. 그런데 여기서 중요한 건 '동굴생물의 황제박쥐는 모두 어디론가 이주해/개방동굴에서 보기 어렵다'이다. 황제박쥐는 아프리카 대륙에 서식하는 큰 과일박쥐(날여우박쥐)의 일종으로, 생태계에서 매우 중요한 역할을 하는 동물이다. 꽃에서 꿀이나 꽃가루를 먹을 때 수분을 돕기도 하는데 특히 밤에 활동하는 꽃(야화식물)의 수분에 중요한 역할을 한다. 나무, 덩굴식물, 과일나무 등의 번식에 이바지하여 식물 다양성을 유지한다. 또한, 황제박쥐는 무화과, 망고, 대추야자, 바오밥 등 여러 열매를 먹은 후 씨앗을 먼 지역으로 퍼뜨리며 숲의 재생과 식생 확장에 핵심적이어서 특히 열대우림이나 사바나 지역에서 숲과 초지의 경계를 연결하는 생태적 가교 역할을 한다. 황제박쥐는 먹이가 풍부한 지역으로 이주하며 계절성 이동을 하는데, 이 이동은 다른 동물들의 이동 경로나 생존 전략에도 영향을 주며 인간과의 관계에서는 열매 농작물에 피해를 주기도 하지만, 생태관광의 자원으로 활용된다.

물론 황제박쥐는 양날의 검이기도 하다. 많은 수의 박쥐가 군집을 이루다 보니 인수 공통감염병의 매개 가능성도 있어 니파 바이러스, 핸드라 바이러스, 에볼라 바이러스 등도 옮기기 때문이다. 그건 황제박쥐가 없다는 것은 환경이 그만큼 심각하다는 말이다.

권택용 시인은 자연의 내밀한 생태 구조와 인간 사회의 균열을 병렬 구조로 제시하며, 이 시대의 생태적 위기를 지질학적 상징의 언어로 변환한 시적 리포트다. 시인은 동굴이라는 지하의 무대에서 인간과 비인간 생명체와 지구라는 삼각관계의 균형을

'자연 균형이 다 깨져/ 우리도 박쥐처럼 지구에 쫓겨/ 어디론가 이주를 해야 할지도 모른다'라고 하면서 인간은 더 이상 지구의 주인이 아니라 지구로부터 퇴출당할지도 모른다고 경고하고 있다. '동굴'이라는 폐쇄된 공간 안에서 생태계와 인간 문명의 균열을 압축적으로 보여주는 지하적 생태 알레고리를 시인은 장소의 묘사를 넘어, 사라진 존재들과 깨어진 균형 속에서 우리가 어디로 가야 하는지를 묻는다. 인간은 지구라는 동굴을 벗어나 어디로 가야 하나? 가슴이 서늘해진다.

다음 시 「다보탑」은 명화보다 아름다운 시다. 이 시는 단순한

문화재 찬미를 넘어, 시간 그 자체가 응축된 형이상학적 존재로서의 탑을 응시하며 시인은 다보탑이라는 석조물을 정적인 '물건'이 아니라 살아 있는 존재로, 심지어 생명과 감정, 역사적 경험을 가진 시적 화자로 변환시킨다.

첫 구절 '천년을 먹고 살아온 미려함'은 다보탑을 단순히 오래된 존재로 환기하는 것이 아니라, 시간을 섭취하며 생존한 유기체로 묘사한다. 이는 탑을 물질이 아니라 시간의 생물로 바라보는 독특한 시선이다. 시간은 이 탑에 축적된 것이 아니라, 소화되고 형상화된 것이다. 이런 상상은 움베르토 에코U. Eco가 말한 '해석의 열림'을 구현하는 시적 해석 방식이며, 동시에 생명적 존재론을 입은 조형 예술에 대한 예찬이다. '각과 각, 면과 면이 모두 슬픔꽃이 피었다'는 구절은 탑의 건축학적 구조를 단순한 미학이 아니라 정서적 발화 구조로 전환하며 면과 각, 기하학적 질서가 감정의 구조로 치환되는 순간, 탑은 더 이상 무생물이 아니며, 그 자체로 감정의 결절점이 된다. 이것은 탑을 '조형'이 아니라 '상처의 시학'으로 바라보는 시적 태도로, 고통을 포용해 아름다움으로 승화한 시간의 결정체로 해석한다. '편식하지 않고 받아먹었다'라는 대목은 자연의 폭력과 미학적 체화를 동시에 말하며 이는 수동적 파괴가 아니라 능동적 흡수로, 자연의 힘조차 예술 일부로 환원시킨다.

이것은 장자莊子의 '제물론齊物論'에 닿는 철학적 태도다. 모든 것을 고르게 받아들이는 탑의 존재 방식은, 차별 없는 수용의 미학이다. '사다리 없는 시간을 건너느라 애썼다', 이런 표현을 권택용 시인이 아니고 감히 누가 쓸 수 있을까? '사다리 없는 시간'

은 인간이 상상할 수 있는 선형적 역사관을 배반하는 비선형 시간을 의미한다. 탑은 시간을 직선으로 넘은 것이 아니라, 비탈도 없고 난간도 없는 윤회의 사막을 견뎌낸 존재다. 이것은 시간이라는 개념의 실존적 공허함과 그 속에서도 무너지지 않고 자리를 지켜온 '다보탑'의 정신적 기개를 드러낸다. 결국, 시인은 다보탑을 통해 인간 존재의 불확실한 시간 항해를 상징화한 것이다. 대한민국의 빛나는 별', 이 구절은 자칫 도식적인 국수주의적 찬가처럼 보일 수도 있지만, 앞선 시간성의 누적을 통해 읽으면 형이상학적 숭고의 구체화라 볼 수 있다. '별'은 단순한 찬사가 아니라, 하늘에서 바라보는 땅 위의 질서, 즉 불국토의 정수로 기능하기 때문이다. 다보탑은 시대를 거쳐 끊임없이 새로운 의미의 성좌로 전이되고, 이는 과거-현재-미래를 잇는 신화적 축의 중심축이 된다. 아! 이 다보탑이 있는 아름다운 대한민국이여 영원하라!

숫돌 외 2편

우 재 호

칼날 낫날을 먹고 사는 돌
아무리 무딘 날이라도 다 갉아먹는 숫돌

숫돌에 슥삭슥삭
시퍼렇게 날 세우는 걸로 아버지의 아침은 열렸다

먹을수록 자신의 몸은 야윈다는 걸
모르는 돌, 그래서 숫돌이다

칼날과 숫돌
닳아간다는 공통분모가 있다

날카롭게 날선 것들
풀이나 나무를 베어먹으며 다시 무뎌지면
뭉툭해진 날 숫돌이 온몸으로
다시 날을 세워준다

수컷인 숫돌과 암컷인 날은
서로의 몸 부딪히며 닳아가는 천생연분

\>
수천 번의 쓱삭거림으로 빼딱하게 갈려나간 몸

저 곱디고운 살로 숫돌은 쓰라림을 견뎠으리라
천하를 휘두르는 날들도 저 숫돌앞에서는 순해진다

아버지, 갈고리 같은 손으로 숫돌에 물을 적셔
천천히 낫날을 벼리는 줄 알았다

그러나 그건 아버지의 한 많은 세월을 벼렸다는 걸
아버지가 먼 길 가신 뒤에야 알았다

배추흰나비

북한산 선인봉 가는 길

까마득한 절벽 나비춤
무덤보다 슬픈 사랑 팔랑이는 영혼

생명 꽉 움켜쥔 볼트
팽팽하게 당겨오는 자일
크랙 지나 경사 급한 슬래브길
힘겹게 발걸음 뗀다

스르르 낙하하는 시간 속에 담긴 세상
추락하는 것에 날개는 없고
9밀리 자일만이 내 목숨 대롱대롱 매단다

장딴지 꼿꼿이 솟아오르는 아찔함
엄지발가락 안간힘 다해 지구 떠받치지만
딛고선 공간은 위태롭고
구부린 허리 끊어질 듯 조여온다

움켜쥐고 쥐어뜯고 가쁜 숨 몰아쉬며

혼신의 힘 다 짜내지만
쉼 없이 다가오는 펌핑
마음은 푸른 숲으로 추락한다

돌 틈새 뿌리박은 늙은 소나무
애처로운 눈길로 바라보며 묻는다
나만큼 힘드냐?

나리꽃에 앉은 배추흰나비의 말
이대로 가면 우리도 멸종돼

돌사자

송광사 일주문 돌층계참에 앉아
앞발 하나 들어 턱 괴고 생각 잠긴 돌사자

수많은 발소리 드나드는 길가
떠도는 소문 들으며
산자락 꽃향기 새소리 들으며
사유반가상 되어 다소곳이 앉아있다

수많은 사람 눈빛 쓸어내는 바람

서양 사자들
걷거나 엎드리거나 뛰어오르며
맹수 본능 드러내지만
헬레니즘 타고 인도 건너온 사자
불법 지켜 궁둥이 붙이고 귀 쫑긋 세운다

짐승 불성
인간 환생 길 들어설 수 있을까?
꼼짝 않고 법당 지키며
법문 듣고 경 읽으며 참선하는 돌사자

\>
턱 괴고 지순한 삼매경이 피어 올리는 환희
돌 벗어날 길을 찾아 생각 끈을 늘린다

언제쯤 이런 경지에 다다를까?

돌사자 머리 쓰다듬으며
지구 치료할 명약 좀 구해 달라고 손을 모은다

시감상 |

우재호 시인의 시는 모두 강한 상징성과 은유를 바탕으로 하여 인간의 삶과 본질에 대한 철학적 성찰을 잘 담아낸 시다. 각 시가 지닌 독창적인 형상화의 전개와 주제 의식이 뚜렷한 시다.

「숫돌」은 숫돌과 칼날의 관계를 통해 '닳아감'과 '날카로워짐'이라는 대립적 속성이 공존하는 삶의 아이러니를 아주 잘 형상화한 시다. 특히 '먹을수록 자신의 몸은 야윈다는 걸/ 모르는 돌, 그래서 숫돌이다'라는 구절은 자기희생적 존재론을 암시하는 동시에 반대로 희생에 의해 날이 서는 관계다. 칼날은 날이 서지만, 그 과정에서 스스로 닳아 없어지는 숫돌의 운명을 감내해야 하는 관계를 먹이사슬처럼 잘 이어나간 시다.

'수컷인 숫돌과 암컷인 날은/ 서로의 몸 부딪히며 닳아가는 천생연분'이라는 표현은 도구와 대상의 단순한 관계를 넘어 젠더적 메타포로까지 확장되며 이는 곧 삶을 함께하는 이들이 서로에게 상처를 주면서도 의존할 수밖에 없는 관계적 아이러니를 섬뜩하게 날이 서도록 잘 묘사했다.

또 숫돌에 날을 세우던 아버지의 모습이 '한 많은 세월을 벼리는 행위'로 전이되는 순간, 개인적인 서사가 역사적·사회적 차원으로 확장된다. 노동과 생존, 그리고 아버지 세대의 희생을 숫돌의 속성과 겹쳐 보여주는 방식은 은유적 변환이 빼어나며, 독자의 감정적 공감을 끌어내 소진과 갱생의 역설적 공생을 잘 보여주고 있는 시다.

　다음 시 「배추흰나비」에서는 자연과 등반의 이미지를 결합하며 '북한산 선인봉 가는 길'이라고 구체적 지리의 배경을 설정하고 '까마득한 절벽 나비춤/ 무덤보다 슬픈 사랑 팔랑이는 영혼'이라고 시적인 공간을 무한대로 넓힌다. 모든 동식물의 공통인 주제는 사랑이다. 그러니 나비도 사랑을 팔랑인다고 말하고 있다.
　'스르르 낙하하는 시간 속에 담긴 세상'에서 '낙하'는 단순한 물리적 추락이 아니라 존재론적 위기를 암시한다. 시인은 '추락하는 것에 날개는 없고'라는 표현을 사용하여 생텍쥐페리의 「야간비행」을 연상시키며, 인간의 나약함과 불확실성을 깨닫게 하는 철학적 사유를 잘 나타내고 있다.
　'돌 틈새 뿌리박은 늙은 소나무/ 애처로운 눈길로 바라보며 묻는다/ 나만큼 힘드냐?'는 등반자의 내면을 비추는 거울과 같은 역할을 한다. 자연은 인간보다 오래 살아남지만, 그 또한 힘겨운 생존 투쟁을 하고 있음을 암시하며, 자연과 인간은 젖줄처럼 연결되어 있음을 시사한다. 나무들도 죽을힘을 다해 버티고 있는 장면을 '나만큼 힘드냐?'고 되묻는 데서 서늘함이 느껴진다. 마지막 연에서 배추흰나비의 말을 빌려 '나리꽃에 앉은 배추흰나비의 말/ 이대로 가면 우리도 멸종돼'라며 우리도 멸종될 것이라 예언하는 대목은 지금 지구가 얼마나 심각한 상황이며 연일 불어오는 황사 현상과 생태계 파괴의 심각함을 다시 한번 돌아봐야 한다는 강한 경고를 하고 있는 것이다. 배추흰나비의 연약한 존재성과 등반자의 위태로운 순간이 병치됨으로써, 인간의 문명이 자연과 함께 사라질 수 있음을 시각적으로 암시한다. 이는 생태시학적 관점에서도 유의미한 시적 장치라 볼 수 있다.

다음 시 「돌사자」의 등을 한 번 올라타 보자.

이 돌사자는 단순한 조각상이 아니라, '송광사 일주문 돌층계참에 앉아/ 앞발 하나 들어 턱 괴고 생각 잠긴 돌사자' 불교적 사유의 화신으로 형상화한다. 다음 연에 이어서 '수많은 발소리 드나드는 길가/ 떠도는 소문 들으며/ 산자락 꽃향기 새소리 들으며/ 사유반가상 되어 다소곳이 앉아'서 '수많은 사람 눈빛 쓸어내는 바람' 돌사자는 고요한 성찰의 이미지와 맞닿아 있으며, 이는 불교적 선禪 수행의 정경과도 연결 지어 사람의 눈빛을 쓸어내는 바람을 바라보는 돌사자라니 마음을 가지런히 모으지 않고 절에 가면 안될 것 같은 생각이 든다.

'짐승 불성/ 인간 환생 길 들어설 수 있을까?'라는 의문은 돌사자가 단순한 조형물이 아니라 하나의 수행자로서 길을 걷고 있음을 시사한다. 이는 물활론物活論적 사고를 반영한 부분으로, 인간뿐만 아니라 사물과 동물, 자연에도 영적 가능성이 내재해 있음을 암시한다. 아니 어쩌면 그 불상들을 보면서 '언제쯤 이런 경지에 다다를까?'라고 진정한 경지에 다다르지 못하고 '돌사자 머리 쓰다듬으며/ 지구 치료할 명약 좀 구해 달라고 손을 모은다'. 이제는 오히려 돌사자에게 지혜를 구하는 경지까지 왔음에 씁쓸함과 위급함을 다시 한번 깨닫게 하는 경지의 시다.

특히 '서양 사자들'과 대비되는 '헬레니즘 타고 인도 건너온 사자'라는 구절은 문화적 교류와 변형을 함축한다. 돌사자는 단순한 맹수가 아니라 사유하는 존재로 변모했고, 이는 불교가 서구적 개념의 힘暴力과 대비되는 초월적 관점에서 세계를 바라보는 방식을 통해 현대 문명이 겪는 위기에 대한 암묵적 비판을 하는 것이다. 돌사자가 지닌 정화와 치유의 상징성을 강조하며 인간이 아닌 돌사자에게 구원을 청하는 장면은 신과 인간, 자연과 문명 사이에서 길을 찾으려는 시인의 내적 갈등을 절박하게 그리고 있다. 우재호 시인은 사물을 통해 인간의 삶과 내면을 탐구하며 인간 존재의 위태로움과 생태적 경고를 사유와 초월적으로 정교하게 형상화하며 상징적 층위 서사적 확장성을 통해 매우 뛰어난 시어의 경제적 사용과 강렬한 이미지 구축으로 각각의 사물들이 단순한 객체가 아니라 내면적 탐구의 매개체로 기능한다는 점에서 사물 시의 전통을 계승하면서도 현대에 가장 긴급한 사유를 담아내고 있다. 우재호 시인의 시는 단순한 묘사를 넘어 삶과 존재의 본질을 탐색하는 깊은 사유가 담겨 있으며, 독자가 자신을 돌아보게 하는 울림을 지닌다. 이 시가 전 세계의 환경 경전이 되어 지구를 구하는 지구 전사가 될 것이다.

올챙이의 기도 외 2편

세 정

실개천 팔딱팔딱 뛰어다니며
열심히 보금자리를 찾았다

엄마 개구리의 사랑과 기도가 찾아낸
아늑한 보금자리에 낙엽 지붕 만들었다
낙엽이 이불인지 안 올챙이 침대

요람 같은 안식처
몽골몽골 개구리 알 사이좋게
이끼 낀 도량에서 꿈을 위해 기도한다

비 오면 안 돼
강한 바람도 안 돼
며칠만 있으면 난 꼬리 달린 올챙이가 될 거야

세상에 태어났으니
매혹적으로 뛰어다니며 사랑하려면
튼튼한 뒷다리를 만들어야 해

멋진 긴 다리로 힘껏 지구를 뛰어다니며
오래오래 남겨질 지구환경 경전을 쓸 거야

인제麟蹄의 하루

황태덕장 빈집
들락거리며 겨울을 세고 있는 바람

한때 바다를 주름잡던
산과 산 사이사이 헝클어진 구름
너울너울 왈츠 추는 안개

강원도 홍천 화양강
휘어진 강줄기 따라 회색 두루미
화양연화의 8첩 병풍 둘러놓고
철새 불러모은다

불꽃처럼 피어나는 지구온난화
우주가 맵다고 종일 맴맴 거리던 매미
다 어디로 이사갔을까?

나무를 씹어서 숲을 보호하는
생태계 균형 곤충해결사
파수꾼

\>

먹이사슬 사라지면 어느 지구로 갈까?
습관이 만든 이상지구
돌처럼 굳어버린 습관은 누가 깨나?

벽 두려워 벽 안에 살면 습관
안에서 깨면 병아리, 밖에서 깨면 프라이
낭비와 절약 사이를 중재해
어루만지고 쓰다듬고 토닥여

지구 살리는 손가락꽃 여기저기 필까?
기린 발굽 같은 생각이 뛰어오는 밤

기적도서관

긍정과 부정이 나란히 어깨를 견주는 것

인제 가면 언제 오나 원통 원통해 하던 인제에
세계인이 몰려드는 기적이 사는 곳

빈곤에서 희망이 꽃피고
원하면 통하는 동네가 되었다.
내 마음속에도 원하면 통하는 통로가 있고
원하면 모든 것이 통하는 원통마을이 있다

기적을 잉태한
곰이 하늘로 배를 드러내고 누운 곰배령

보이지 않는 가위로 한 계절을 잘라 또 한 계절을 잇는 神
희망을 오려내어 절망을 덧대어 깁고
절망이 너덜거리면 또 희망을 덧대어 깁는다

처음 동화를 접했던 중학교 도서관에서
소공녀도 되고 알프스 소녀가 되었던 희망이 꿈틀꿈틀 자라
기적에 이르는 책들이 모여든 기적도서관

\>
지구 전체로 통하는 길
환경시로 80억 인구 구하는 대장정의 길
인제에 다 모인 걸 인제사 안 뱅충이

시감상 I

　「올챙이의 기도」소리를 따라가다 보면 '팔딱팔딱 뛰어다'닐 수 있는 실개천을 만날 수 있다. 물이 고여있고 먹이가 풍부한 곳이라면 거의 어디든 있지만 요즘은 안타깝게도 환경오염과 농약 때문에 서식지가 줄었다. 또 기후온난화로 비가 오지 않아 서서히 말라 죽어버리기까지 한다.

　깊은 울림과 애잔함을 주는 '꿈을 위해 기도'하는 모습은 일상 속에서 마주하는 모든 관계가 눈에 보이지 않는다고 위험하지 않은 것은 아니다. 배려하는 마음을 잃지 않는다면 우리 주변은 긍정적인 에너지로 채워질 수 있어 '개구리 알 사이좋게' 지낼 수 있는 '도랑'은 요람이고 안식처가 될 것이다.

　성숙하기 전에는 다리가 나오지 않아 헤엄도 못치고 아가미로 호흡하면서 바위나 땅바닥에 가만히 붙어 지내기에 '비 오면 안 돼/ 강한 바람도 안 돼/ 며칠만 있으면 난 꼬리 달린 올챙이가 될 거야'라며 비와 바람에게 애원한다. 한 톨의 쌀을 얻기 위해 농부의 손도 여러번 가듯이 삶도 노고의 산물이다. 몸 뒤쪽에 있는 뒷다리는 세상무게 지탱하기 위하여 튼튼하게 만들어져야만 했다. 그래서 외롭고 처절한 슬픔을 동반한다. 서두르지 않고 책임을 회피하지도 않으며 자신을 과감히 내던진다. '세상에 태어났으니' 자발적이고 능동적으로 움직이는 것이다.

　내 탓이고 네 탓으로 생긴 환경오염의 핵심인 '멋진 긴 다리로'

파란만장한 '지구를 뛰어다니며' '오래오래 남겨질 지구환경 경전을' 쓴다고 하였다. 인공지능과 로봇, 드론 등이 어렵고 힘든 일을 해주니 성취감을 찾을 수가 없다. 어디서 와서 어디로 가야 하는 지도 모르는 우리는 삶의 행간을 넓혀가며 뜻있는 일을 하고 떠나야 할 것이다.

  다음 시 「인제의 하루」를 살아보자.
 '황태덕장 빈집'이 눈만 뜨면 아니 하루종일 기다리는 가장 반가워하는 손님은 역시 매서운 겨울바람일 것이다. 빨래처럼 널어말린 자신의 모습에 대한 소외와 군중 속의 소외가 번뇌를 낳고 이 번뇌로 또 하나의 영원한 타인에 불과한 지금 '한때 바다를 주름잡던' 시절을 그리워하게 된다. 그 먼 바다에서 아직도 돌아오라는 파도소리는 주문이 되고 그 주문은 종교로 점철되어 철학이 된다. '산과 산 사이사이 헝클어진 구름'은 살아서 말과 노래가 되어 '너울너울 왈츠 추는 안개'가 되고 있다.
  한 마리의 황태는 우주적 주체자가 되어 삶으로부터 격리되어 있다. 삶보다는 죽음에 더 가까워 저 세상으로 가기 위한 대기장소와도 같은 곳이다. 바닷속의 삶은 더욱더 그립고 이후의 삶은 두렵고 무섭다. 하지만 얼었다 녹았다를 반복하는 망망대해의 크기는 삶의 크기이기에 처절한 외로움과 소외감으로 더욱 단단해지고 깊은 맛으로 내 속까지 아니, 우리들의 식탁까지 올라오는 것이다.
  '홍천 화양강'은 '휘어진 강줄기 따라' 아련하고 섹시한 느낌으로 눈길 사로잡는다.

돌아가고 싶도록 찬란하던 때, 꽃처럼 화사하고 빛나는 한 때를 뜻하는 '화양연화'는 다시는 잡을 수 없는 아쉬움과 그리움을 품고 있다. 가장 아름다웠으나 덧없기에 '8첩 병풍 둘러놓고 철새를 불러모'으고 있다.

'불꽃처럼 피어나는 지구온난화'는 기상이변을 초래하고 있다. 40도 이상의 고온이 지속되어 열사병, 탈수증, 심혈관 질환으로 숨져가는 것은 유럽에서의 일만이 아니다. 우리나라도 기온상승으로 온열질환자가 어마어마하게 늘어나고 사망자도 많이 나오고 있다. 육지와 해양생태계에도 심각한 영향을 미치기에 서식지가 사라지고 있어 생물들의 생존에 치명적인 위협이 되어 '우주가 맵다고 종일 맴맴거리'고 있는 것이다.

대형산불 식량부족 감염병 확산으로 지구 어디에도 발붙일 곳이 없기에 '다 어디로 이사 갔을까'하고 반문하는 동시에 생명체 사이에서 먹고 먹히는 '먹이사슬 사라지면 어느 지구로 갈까'는 실현 불가능한 염원이 들어있다. 자기 자신의 존재의 정당성을 확보하지 못하기에 천지개벽과도 같은 대사건을 인간들은 맞이하게 된 것이기에 기린 린, 인麟과 발굽제蹄, 인제의 하루는 기린 발굽같은 생각이 튀어오르는 밤이 된 것이다.

다음 시 「기적 도서관」에 들어가서 시의 책장을 열어보자. 내가 좋은 사람을 만나려면 내가 좋은 사람이 되어야 한다는 생각은 현실이다.

「긍정의 발견」이란 책을 펴낸 바버라 프레드릭슨은 긍정성이 우리 삶에 미치는 영향에 대해 설명했는데 긍정과 부정의 비율이

3:1이상을 이룬다고 하였다.

   도서관을 한 바퀴 돌아 입구에 도착하면 풍경 바라보며 책에 빠져 볼 수 있는 공간이 나온다. 시인은 '긍정과 부정이 나란히 어깨를 견주는 것'이라고 한다. '기적'과 '도서관'은 어떤 관계일까? 기적에는 긍정이 더 소중하고 도서관에는 부정이 더 소중하다는 것일까? 도서관은 기적으로 승화되지 않으면 그 생명력을 얻을 수가 없다. 아니 이 말은 '보이지 않는 가위로 한 계절을 잘라 또 한 계절을 잇는 神'이라고 했다. 기적이란, 도서관이란, 아무도 눈치채지 못하는 지식이며, 가장 우아한 지혜의 꽃인 것이다. 기적의 기쁨이란 책속의 기쁨없이 타오르지 못하고, 책속의 기쁨인 도서관은 기적 없이 타오르지 못한다.

   원통은 인제군 북면에 있다. 북면이라는 지명보다는 면소재지이자 중심지인 원통리에서 따온 '원통'이라는 이름으로 유명하다. '인제 가면 언제오나 원통해서 못 살겠네'에서 '인제 가면 오고 싶은 원통리'로 변신을 시도하는 고장이기도 하다.

   '곰이 하늘로 배를 드러내고 누운 곰배령'은 점봉산의 정상부에 위치하면서 5만 평의 평원이 형성되어 있다. 다양한 식물과 야생화가 자생하고 있어 '천상의 화원'이라 불리고 있다. 이정화 시인은 어렵고 힘들 때마다 '지구 전체로 통하는 길을 찾는다'라고 하였다. '희망이 꿈틀꿈틀 자라/ 기적에 이르는 책들'은 이 난제들을 극복해 나갈 수 있기 때문이다.

쇠의 담론 외 2편

글 로 별

헛간에 세종대왕의 애민 정신이
나란히 걸려 있다

낫은 ㄱ
괭이는 ㄴ
호미는 모르겠다 멀뚱멀뚱

강아지 하품 늘어지는 보릿고개 넘기느라
바람과 햇빛과 빗소리가 키운
씨알들 캐는데 생이 다 닳는 호미
가시넝쿨 베는 낫
굳은 마음 파헤치는 괭이

땅과 흙을 분리시키려는
헛수고만 하는 삽

수루에 홀로 앉아
외.로.움.을 베던 이순신의 칼

전생은 모두 쇠였다

\>
끝없는 담금질로 태어나
이용만 당했지만

괜찮다

세종대왕도 자신의 눈을 빼서
대대로 백성들의 눈이 되지 않았는가

무궁화

없는 궁에서 태어난 사상의 꽃
무궁무궁 무궁한 꽃이 되었다

같은 햇빛과 같은 공기와 같은 물
나눠 마신 연대기로
한민족 탄생했다

아름다운 꽃 무궁화
진딧물이 바글거리며
꽃을 탐했으나
끄떡도 않고 버텨낸 무궁화

바람이 불면 춤을 추고
비가 오면 노동요를 부르고
천둥·번개로 빛과 소리를 만들었지

태극을 봉하고
무극을 심고
손에다 금을 감추었지

\>
거북으로 배를 만들고
시간을 벼려 꽃동산을 만들었지

세계에서 제일 위대한 한글꽃을 심었지

수백 년을 자란 한글꽃넝쿨
세상을 지배할 영원꽃

곧 이 땅에 문전성시를 이룰 꽃향기
수억 년 묵은 때가 다 씻기듯
진딧물은 다 떨어져 나가고
당당하고 숭고하게 웃고 있는 무궁화

꽃바람

한 가지에서 여러 색의 꽃이 피었다

저 꽃의 내장엔 분명
바람기가 가득할 것이다
그도 아니라면
서역 어디 먼 곳에서 입양을 했다던가

종류를 헤아릴 수 없는 꽃들
보고 읽는다

금속활자는
놋쇠 납 무쇠 쇠붙이 녹여 만든 꽃틀

수백 년 전 한국 쇠붙이 꽃틀에서 핀
직지심체요절*
세상 소용돌이에 쓸려가
이역만리 프랑스 국립도서관 수장고에 있다

꽃바람 인간 욕심을 부추겼겠지!
인간 욕심틀은 못할 것이 없으니까

그렇지만 스쳐 가고 마는
꽃바람인 걸 인간은 모르지

* 현존하는 세계 최고의 금속활자본

시감상 I

　우리나라가 비극에 처했던 이유 중 하나는 백성들이 쉬운 한글이 있는데도 한글을 천대시하고 배우지 못한 이유가 가장 크다는 생각이다. 왕조시대가 끝날 때쯤에야 한글의 중요성이 주목받았다. 우리나라 국부國父 이승만도 배움을 강조한 까닭이 여기에 있었다. 그 결과 우리는 오늘날 우리글을 쓰며 우리글로 세계를 움직이고 있는 것이다. 한글, 이 얼마나 위대하고 숭고하고 존경스러운 말인가? 세상에 어떤 아름다움도 한글이란 말처럼 아름다운 말도 그렇게 흔하지 않을 것이다. 우리가 우리글로 글을 쓰고 있음을 무한한 영광이고 행복으로 생각한 글로별 시인은 아무리 자랑하고 강조해도 지나치지 않는 한글에 대한 시를 멋지게 이미지화해냈다. 그 이미지를 따라가 본다.

  헛간에 세종대왕의 애민 정신이
  나란히 걸려 있다
  낫은 ㄱ
  괭이는 ㄴ
  호미는 모르겠다 멀뚱멀뚱
  강아지 하품 늘어지는 보릿고개 넘기느라
  바람과 햇빛과 빗소리가 키운
  씨알들 캐는데 생이 다 닳는 호미

가시넝쿨 베는 낫

굳은 마음 파헤치는 괭이

땅과 흙을 분리시키려는

헛수고만 하는 삽

수루에 홀로 앉아

외.로.움.을 베던 이순신의 칼

전생은 모두 쇠였다

끝없는 담금질로 태어나

이용만 당했지만

괜찮다

세종대왕도 자신의 눈을 빼서

대대로 백성들의 눈이 되지 않았는가

—「쇠의 담론」 전문

   세종대왕의 애민 정신이 낫으로 호미로 괭이로 나란히 걸려 있다고 하는 표현이야말로 고매한 품격을 보여주는 자연성 문구이다. 또 세종대왕의 눈을 빼서 대대로 살고 있다는 이 놀라운 기법은 한글에 새순을 틔우게 하고 꽃을 피우게 하는 대단한 해법으로 풀어낸 문구다. 다음 시「무궁화」역시 애국정신이 가득 피어난 시다.

   우리 민족을 대표하는 꽃인 무궁화를 '없는 궁에서 태어난 사상의 꽃/ 무궁무궁 무궁한 꽃이 되었다'고 했다. 그런데 본래 근본의 모든 것은 없는 것에서 생겨날 때 그 시작이 되는 것이다.

   애국 밭의 파수꾼 같다. '아름다운 꽃 무궁화/ 진딧물이 바글

거리며/ 꽃을 탐했으나/ 끄떡도 않고 버텨낸 무궁화'라고 수많은 침략에도 굴하지 않고 지켜낸 선조들에 대한 고마운 마음을 무궁화에 빗대 쓴 것이다. 그것을 증명이라도 하듯 '거북으로 배를 만들고/ 시간을 벼려 꽃동산을 만들었지' 하고는 곧바로 그렇게 해서 '세계에서 제일 위대한 한글꽃을 심었'다고 말한다. 그리고는 그 심은 한글꽃이 '수백 년을 자란 한글꽃넝쿨/ 세상을 지배할 영원꽃'으로 앞으로 우리나라의 영원함을 비는 주술적인 이미지를 가져다 썼다. 그리하여 그 주술은 효과가 있어 '곧 이 땅에 문전성시를 이룰 꽃향기/ 수억 년 묵은 때가 다 씻기듯/ 진딧물은 다 떨어져 나가고/ 당당하고 숭고하게 웃고 있는 무궁화'라고 주술을 걸고 있는 시다. 다음 시 역시 애국심이 출렁이는 시다.

한 가지에서 여러 색의 꽃이 피었다
저 꽃의 내장엔 분명
바람기가 가득할 것이다
그도 아니라면
서역 어디 먼 곳에서 입양을 했다던가
종류를 헤아릴 수 없는 꽃들
보고 읽는다
금속활자는
놋쇠 납 무쇠 쇠붙이 녹여 만든 꽃틀
수백 년 전 한국 쇠붙이 꽃틀에서 핀
직지심체요절
세상 소용돌이에 쓸려가

이역만리 프랑스 국립도서관 수장고에 있다
꽃바람 인간 욕심을 부추겼겠지!
인간 욕심틀은 못할 것이 없으니까
그렇지만 스쳐 가고 마는
꽃바람인 걸 인간은 모르지
―「꽃바람」 전문

  프리드리히 니체가 1879년에 쓴 중기 사상을 대표하는 '인간적인 너무나 인간적인' 책에서 '삶의 여로를 걷는 우리들은 여행자다. 가장 비참한 여행자는 누군가를 따라가는 인간이며, 가장 위대한 여행자는 습득한 모든 지혜를 남김없이 발휘하여 스스로 목적지를 선택하는 인간이다.'라고 말했다. 글로별 시인은 우리의 시야에서 기억에서 잊혀지고 있는 '수백 년 전 한국 쇠붙이 꽃틀에서 핀 직지심체요절'이 '이역만리 프랑스 국립도서관 수장고에 있다'고 내 나라 것을 지키거나 빼앗기거나 아무 관심이 없는 일에 관심을 돌려 애국정신을 잊고 사는 요즘 그들을 따라가지 않고 굳건히 격랑激浪에 잃어버린 나라의 문화유산을 지키려는 길을 택했다. 환경을 지키겠다는 푸르르고 눈부신 생각을 가지고 시를 쓰는 시인다운 발상이다. 이 환경 경전이 한글의 우수성과 아울러 한글이 환경을 살리고 있다는 것을 115개 국에 훨훨 날아다니며 파수꾼 역할을 할 것이다.

4부

추돌 외 2편

이 옥

거리와 거리 사이에는 추돌이란 악마가 산다

앞과 뒤 사이
옆과 옆 사이

조금만 방심하면
나타나는 추돌이란 악마

도로위에 널브러진 신발을 보면
가슴이 섬뜩하다

악마가 다녀간 자리임을 미루어 알 수 있기 때문이다

추돌이란 악마는 눈에 보이지 않는다
집단으로 폐사된 물고기는
무엇과 추돌을 했는지

농약
이상기온
치명적 바이러스

세상을 멸망시킬 재난

어디까지 달려야 앞이 보일지
살얼음판 같은 지구

내일은 오늘을
한 해는 열두 달을
단 1분도 추돌하지 않는데
추돌을 장전한 악마가 지구 향해 속도를 올리고 있다

언제 추돌할지 생태와 인간 사이 거리를 몰라 즐겁다

금관총

죽어서까지 왕의 머리에서 군림하는 금관

수천 년이 지난 시간까지
금관총으로 남아 빛나고 있다

금이 있는 곳이면
어디든지 죽음도 무릅쓰고 찾아가던 사람들
아무리 험한 곳도
황금 향한 열망은 푸르렀다

무덤이 꿈속인 줄 아는지
무덤에서도 빛을 발하며
역사의 고리 이어주며

아직도
무덤에서 신라 금관을 호위하는
코미타투스*

중심 잡고 있는 천년왕국

>
돌무지덧널무덤
이사지왕

숱한 황금보물 세상에 공개하고 있다

* 무장한 호위대(또는 수행단)

비상구

굴레가 되었다 채찍이 된다

비상, 비상
초인종 소리
탈출하세요, 뛰어

봄 소리에
초록 유도등 따라 빠져나가면
별들을 키운 곡선은 낭떠러지가 된다

비상구 열리면
하늘 대롱속에 양산 한 두름
젖내나 젖지 않는 연둣빛 따라
물거품 놀이하는 물고기

자전거 바퀴가 햇살로 우주를 돌리고 있다

새살새살 흐르는 눈웃음으로
꽃바지 만들어 입고
야간 순찰 돌고 있는 봄바람

\>

요금도 안 받고 공짜로
황홀경을 선물하는 자연은
80억 인구 구하려 햇살을 키운다

둘레길 따라 걷는 벚꽃
노심초사하며
훌쩍 떠나갈 봄을 위로하는 반려호수

사자수염 보라는 말인지
흐물흐물 멍울 떨어지더니
해우소처럼 자신을 비워내고 있다

시감상 l

목표가 있는 사람은 사물을 보아내는 힘이 다르다. 감옥인가 싶다가도 어느새 자유가 되어 훨훨 날아다니는 비상의 힘이 있다. 무형에서 유형을 만들어내고 존재의 가치를 깨닫고 자신이 누구인지를 알며 왜 살아가는지가 분명하다. 그 분명함은 그 사람은 눈빛을 빛나게 하고 생각을 키우게 하는 감각의 논리를 무한대로 넓히게 한다. 이 푸르고 아름다운 시들은 단언컨대 세상에서 가장 빛나는 시 중의 하나로 남을 거로 생각한다. 왜냐하면, 아무리 세월이 흐르고 세대가 바뀐다고 하더라도 환경의 중요성을 벗어날 수 없고 환경은 곧 목숨이기 때문이다. 아래 시를 보면

    거리와 거리 사이에는 추돌이란 악마가 산다

    앞과 뒤 사이/ 옆과 옆 사이/ 조금만 방심하면/ 나타나는 추돌이란 악마

    도로위에 널브러진 신발을 보면/ 가슴이 섬뜩하다

    악마가 다녀간 자리임을 미루어 알 수 있기 때문이다

    추돌이란 악마는 눈에 보이지 않는다

    집단으로 폐사된 물고기는/ 무엇과 추돌을 했는지

    농약/ 이상기온/ 치명적 바이러스/ 세상을 멸망시킬 재난

    어디까지 달려야 앞이 보일지/ 살얼음판 같은 지구

    내일은 오늘을/ 한 해는 열두 달을/ 단 1분도 추돌하지 않는데

추돌을 장전한 악마가 지구 향해 속도를 올리고 있다
언제 추돌할지 생태와 인간 사이 거리를 몰라 즐겁다
—「추돌」 전문

'거리와 거리 사이에는 추돌이란 악마가' 산다. 분명 살고 있는데 그 신은 코로나바이러스 같은 균을 이야기하는 것이고 또 역설적으로 '언제 추돌할지 생태와 인간 사이 거리를 몰라 즐겁다'라고 말한다. 사람들은 코로나를 겪고도 정신을 못 차리고 일회용을 마구 남발하며 환경을 망가뜨림을 언제 또 균이 올지 몰라 즐겁다고 죽비를 때리고 있다. 죽비소리에 정신을 차리면 좋겠다.

다음 시 「금관총」에서는 '죽어서까지 왕의 머리에서 군림하는 금관'을 이야기하며 '아직도/ 무덤에서 신라 금관을 호위하는/ 코미타투스// 중심 잡고 있는 천년왕국/ 돌무지덧널무덤/ 이사지왕// 숱한 황금보물 세상에 공개하고 있다.'라고 저수지에서 차돌을 꺼내듯 과거사에서 철렁거리는 그늘을 꺼내서 말리고 있다. 찬란하고 황홀했던 신라 시대에서 낚싯대로 건져 올리는 저 힘은 삶을 지탱하는 도전정신이 미끼일 것이다. 과거를 살아보지 못한 우리에게 눈부신 발자국을 남긴 실체를 끌어올려 보여주며 끊임없이 하루하루 소임을 다하며 살아가란 의미심장한 생각을 하게 한다.

다음 시를 살펴보자.

굴레가 되었다 채찍이 된다

비상, 비상/ 초인종 소리/ 탈출하세요, 뛰어 봄 소리에/ 초록 유도등 따라 빠져나가면/ 별들을 키운 곡선은 낭떠러지가 된다
　비상구 열리면/ 하늘 대롱속에 양산 한 두릅/ 젖내나 젖지 않는 연둣빛 따라 물거품 놀이하는 물고기
　자전거 바퀴가 햇살로 우주를 돌리고 있다
　새살새살 흐르는 눈웃음으로/ 꽃바지 만들어 입고/ 야간 순찰 돌고 있는 봄바람
　요금도 안 받고 공짜로
　황홀경을 선물하는 자연은/ 80억 인구 구하려 햇살을 키운다
　둘레길 따라 걷는 벚꽃/ 노심초사하며/ 훌쩍 떠나갈 봄을 위로하는 반려호수
　사자수염 보라는 말인지/ 흐물흐물 멍울 떨어지더니/
　해우소처럼 자신을 비워내고 있다
　—「비상구」 전문

　예술 평론가이자 후원가, 소묘 화가, 수채화가, 저명한 사회운동가이자 독지가 존 러스킨(영국 1819~1900)은 '길을 찾지 못하면 길을 만들어라. 무엇을 알고 있느냐, 무엇을 믿고 있느냐는 별로 중요하지 않다. 중요한 것은 결국 우리가 무엇을 행동으로 실천하느냐이다.'라고 했다.「비상구」는 존 러스킨의 이 말을 가장 잘 대변해주고 있는 시다. 이옥 시인의 끊임없는 독서와 시 쓰기에 모든 걸 투자한 결과물인 것이다. 그 결과물을 환경 경전이란 행동으로 옮겨서 전 세계로 내보내고 있으니 말이다. 이 환경 경전의 나비효과로 푸르러 눈부신 세상이 되길 기대한다.

한글 외 2편

글 가 람

글을 저울에 달아보았다

저울은 글의 무게를 달지 못했다
무게를 몰라 답답하던 차에
영국 버킹엄궁에서 찰스 3세가 말했다

세계 공통어로 수출한 나라 영국 국왕이
새로운 알파벳을 만들어도 한글 같은 우수한 글은 만들 수 없다고

세종대왕 눈을 빌려
환하고 밝은 세상을 사는 우리

인류발전에 이바지할 무언가를 찾으라고 만든 글

이 한글로
생태계를 살릴 경전을 쓰라는
맞지요?
세종대왕님

\>

21세기 집현전역

지구 살려

魂 창조하는 훈민정음 발전소

글 길

말 길

숨 길

지구 길잡이 글

세계문자올림픽 대회 27개국에서

1위 소리 문자 한글

세종대왕 혼이 우주를 환하게 밝힌다.

마이산馬耳山

전북 진안에 말의 귀가 산다

암말과 수말의
장엄한 귓속에 들어서면
새소리 벌레소리 바람소리
온갖 소리소리들

사람들은 말의 귓속에 사는 소리를 듣기 위해 모여든다

사람들을 불러모으는 천 개의 귀
달팽이는 촉수를 세우고
사람들의 소리를 먹고 사는 걸
사람들은 알까?

먼 옛날 바다에서 태어난 말들
아무리 거센 폭풍에도
끄떡없이 살아간다

구름과 안개와 비와 눈은
그들의 간식

\>
별빛 받아 별식
달빛 받아 월식

귀 크게 열고 지구를 귀안으로 끌어드리면
지구의 피난처가 될 텐데

반구대 암각화

태화강 기슭
대곡천 아홉 구비 절경에

선사시대 반구대 암각화 병풍
강허리를 두르고
무량겁 지고 사는 돌

반석엔 고생대 울음소리 청청 매달렸다

공룡 발자국 괸 물에
하늘과 구름 고여있고
억새 억세게 울어 젖힌
강나루 바위틈 구절초
가을볕이 슬프게 출렁인다

바위틈에 손사래만치는 저 시신詩臣들
숨은그림찾기에
강바람은 홀로 나뒹굴고

마음 저 깊은 곳까지 다 젖어 든다

>
동그랗게 뜨는 하얀달꽃
갈대꽃을 적신다

몸단장하고
바위혼에 매달린
수억광 년 시간

시감상 |

글가람 시인은 인간이 볼 수 있는 것을 쓰는 것이 아니라 눈으로 볼 수 없는 속으로 뚫고 들어가 관찰하고 통찰하며 성찰해서 잘 만들어 낸 명장의 시를 벼린다.

존재하는 모든 것들은 겉으로 보는 것보다 심층 속에 깊이 숨겨진 어떤 비밀 같은 사유들이 존재한다. 그 비밀을 관찰하는 자세에 통찰하는 능력을 키워 자신의 마음을 반성하여 잘 살펴 직조해낼 수 있을 때 수천 년이 흘러도 사라지지 않을 명시가 되는 것이다. 그렇게 될 때 품격을 갖춘 시가 되고 미학적 형식을 갖춘 시가 탄생할 수 있다. 글가람 시인은 그런 측면에서 본다면 글을 쓸 수 있다는 것에 자부심을 가지고 그저 무심히 지나치는 것이 아니라 세종대왕의 한글 창제까지 심층을 뚫고 들어가 써낸 시가 바로 「한글」이란 시다.

  글을 저울에 달아보았다

  저울은 글의 무게를 달지 못했다
  무게를 몰라 답답하던 차에
  영국 버킹엄궁에서 찰스 3세가 말했다

  세계 공통어로 수출한 나라 영국 국왕이

새로운 알파벳을 만들어도 한글 같은 우수한 글은 만들 수 없다고

세종대왕 눈을 빌려
환하고 밝은 세상을 사는 우리

인류발전에 이바지할 무언가를 찾으라고 만든 글

이 한글로
생태계를 살릴 경전을 쓰라는
맞지요?
세종대왕님

21세기 집현전역
지구 살려
魂 창조하는 훈민정음 발전소

글 길
말 길
숨 길

지구 길잡이 글
세계문자올림픽 대회 27개국에서
1위 소리 문자 한글
세종대왕 혼이 우주를 환하게 밝힌다.

―「한글」 전문

  이 엄청나게 무시무시한 한글을 어떻게 무게를 달 수 있다는 말인가? 세종대왕이 한글을 만드신 노고를 '세종대왕 눈을 빌려/ 환하고 밝은 세상을 사는 우리'라고 그 감사함을 표시했다.
  모두 당연한 것처럼 한글을 쓰겠지만 시인은 깊은 물 속에 헤엄쳐 들어가서 세종대왕의 고마움을 건져 올렸다. 그리고 한글이 '지구 길잡이 글'이 되고, '세종대왕 혼이 우주를 환하게 밝힌다.'라고 숭고한 마음으로 자랑스럽게 말하고 있다. 다음 시를 감상해 보자.

    전북 진안에 말의 귀가 산다

    암말과 수말의
    장엄한 귓속에 들어서면
    새소리 벌레소리 바람소리
    온갖 소리소리들

    사람들은 말의 귓속에 사는 소리를 듣기 위해 모여든다

    사람들을 불러모으는 천 개의 귀
    달팽이는 촉수를 세우고
    사람들의 소리를 먹고 사는 걸
    사람들은 알까?

먼 옛날 바다에서 태어난 말들
아무리 거센 폭풍에도
끄떡없이 살아간다

구름과 안개와 비와 눈은
그들의 간식

별빛 받아 별식
달빛 받아 월식

귀 크게 열고 지구를 귀안으로 끌어드리면
지구의 피난처가 될 텐데
—「마이산馬耳山」 전문

　이 시가 말하고자 하는 것은 환경의 소중함이다. '귀 크게 열고 지구를 귀안으로 끌어드리면/ 지구의 피난처가 될 텐데' 환경은 뒷전이고 눈앞에 이익에만 혈안이 되어있는 사람들에게 경고장을 날리는 시구다. 사람들은 지구의 피난처는커녕 자신의 피난처도 찾지 않고 그냥 주어지는 대로 눈앞만 보고 달리는 요즘 세태를 걱정하는 시다.

　다음 시 「반구대 암각화」 역시 환경을 걱정하는 시다.
　'선사시대 반구대 암각화 병풍/ 강허리를 두르고/ 무량겁 지고 사는 돌'에선 이 오랜 세월을 지켜온 지구가 오늘날 숨을 쉴 수 없어 '반석엔 고생대 울음소리 청청 매달렸다'라고 표현했다. 저렇게 흔적 없이 인류가 멸망하고 싶지 않거든 정신 차리라는 말을 식물성 언어로 담아냈다.

'공룡 발자국 괸 물에/ 하늘과 구름 고여있고/ 억새 억세게 울어 젖힌/ 강나루 바위틈 구절초/ 가을볕이 슬프게 출렁인다'. 가을볕은 다음 가을을 기약할 수 없어 슬프게 출렁인다고 하니 시인은 자연과 소통을 한 모양이다. 이제 우리도 '몸단장하고/ 바위혼에 매달린/ 수억 광년 시간'을 자손들에게 물려줘야 한다는 경고다.

미국 농업 과학자이자 발명가인 조지 워싱턴 카버는 '자연은 최고의 의사 소통자이다. 우리가 제대로 듣기만 한다면 모든 것을 배울 수 있다'라는 명언을 남겼다.

글가람 시인은 자연과 의사소통을 하고 함께 교감하며 자연의 심연 깊은 곳에서 길어낸 청정하고 푸른 물소리 같은 시를 쓰며 세계에 환경 경전을 날려 보내는 환경 지킴이다. 일반 독자들도 글가람 시인의 이 시를 읽으며 자연의 소중함을 함께 실천하길 기대해본다.

남과 다른 시 쓰기 동인

'남과 다른 시 쓰기' 동인의 『그러니까, 그 무렵』은 『함께, 울컥』, 『길이의 슬픔』, 『덜컥, 서늘해지다』, 『새파랗게 운다』, 『따끔따끔, 슬픔요일』에 이어서 여섯 번째 환경시집이며, 이서빈, 이진진, 장진, 정구민, 글나라, 최이근, 고윤옥, 글빛나, 권택용, 우재호, 세정, 글로별, 이옥, 글가람 등, 열네 명이 그 회원들이라고 할 수가 있다.
『그러니까, 그 무렵』은 '지구의 눈물' '생명을 낳아 키우며 살아갈 수 있는 터전이 되고 싶었다'라는 대전제에서처럼 '남과 다른 시쓰기 동인들'이 '환경위원회'를 조직하고 '온몸 불사르며' '생태 환경 경전經典'을 써 나가고 있는 환경시집이라고 할 수가 있다.

이메일 happyjy8901@hanmail.net

• 이 시집은 영주신문에 환경 시 특집으로 연재한 시임을 밝혀둔다.

남과 다른 시 쓰기 동인
그러니까, 그 무렵

발 행	2025년 9월 10일
지은이	이서빈 외
펴낸이	반송림
편집디자인	반송림
펴낸곳	도서출판 지혜
주 소	34624 대전광역시 동구 태전로 57(삼성동), 2층 도서출판 지혜
전 화	042-625-1140
팩 스	042-627-1140
전자우편	eji@ji-hye.com
	ejisarang@hanmail.net
애지카페	cafe.daum.net/ejiliterature

ISBN	979-11-5728-584-6 03810
값	13,000원

이 책의 판권은 지은이와 도서출판 지혜에 있습니다.
양측의 서면 동의 없는 무단 전재 및 복제를 금합니다.